高校体育教育创新理念与实践教学研究

郭诗艺　罗康荣　文沫霏◎著

中国出版集团　现代出版社

图书在版编目（CIP）数据

高校体育教育创新理念与实践教学研究 / 郭诗艺，
罗康荣，文沫霏著 . -- 北京：现代出版社，2023.6
ISBN 978-7-5231-0331-9

Ⅰ . ①高… Ⅱ . ①郭… ②罗… ③文… Ⅲ . ①体育教
学—教学研究—高等学校 Ⅳ . ① G807.4

中国国家版本馆 CIP 数据核字 (2023) 第 083451 号

高校体育教育创新理念与实践教学研究

作　　者　郭诗艺　罗康荣　文沫霏
责任编辑　田静华
出版发行　现代出版社
地　　址　北京市朝阳区安外安华里 504 号
邮　　编　100011
电　　话　010-64267325　64245264（传真）
网　　址　www.1980xd.com
电子邮箱　xiandai@cnpitc.com.cn
印　　刷　北京四海锦诚印刷技术有限公司
版　　次　2023 年 6 月第 1 版　2023 年 6 月第 1 次印刷
开　　本　185mm×260mm　1 /16
印　　张　11
字　　数　261 千字
书　　号　ISBN 978-7-5231-0331-9
定　　价　52.00 元

前　言

　　随着体育运动和教学理念的不断发展，我国高校体育教学肩负着培养社会主义合格建设人才和提高学生身体素质的重任。体育教学作为高校教学中的一个重要组成部分，必须以学生全面发展为中心，强化人文教育、科学教育、终身教育与个性化教育意识，逐步使学生养成体育锻炼习惯，使教育目标朝着多元化、科学化、人性化方向发展，培养符合社会需要的复合型体育人才。

　　在高校体育教学过程中，促进体育理念教学和实践教学的协调发展，具有十分重要的意义，两者之间的相互性，为体育教学理念和实践的协调发展提供了依据。在实际体育教学过程中，只有具备创新教育理念，并将其应用于实践教学中，才能在新时代提高学生的体育运动技能，丰富体育运动理论知识，进而有效促进学生的全面发展。

　　基于此，本书以"高校体育教育创新理念与实践教学研究"为主题展开论述，在内容编排上共设置六章：第一章作为本书论述的基础，阐述创新教育的基本认知、高校体育教学改革创新的背景、创新教育理念下高校体育教学的提升；第二章探索高校体育的人文教育思想、科学教育思想、终身教育思想与个性化教育思想；第三章基于高校体育课程资源开发简述，探究高校体育课程内容资源的开发与校本课程资源的开发；第四章通过高校体育攀岩项目、跆拳道项目及定向运动项目，阐述高校体育教学的创新项目及其教学实践；第五章研究高校体育教学的创新模式及其实践，主要包括"微课"教学模式、支架式教学模式、混合式教学模式及翻转课堂教学模式；第六章突出创新性，探讨新媒体时代、虚拟现实技术与智能手机应用于高校体育教学的创新实践。

　　本书有三大特色：一是将理论与实践相结合，力求做到理论精练、实践性强，满足广大体育教学工作者的现实需求；二是注重章节之间的逻辑性、连贯性等，从而确保体育教学与科学训练的完整性和系统性；三是所涵盖的内容全面，有助于读者更好地理解与应用。

　　本书的撰写得到了许多专家学者的帮助和指导，在此表示诚挚的谢意。由于笔者水平有限，加之时间仓促，书中所涉及的内容难免有疏漏与不严谨之处，希望各位同行、专家、教师提出宝贵意见。

目 录

第一章 绪 论

第一节 创新教育的基本认知

在现代社会快速发展的背景下，社会各个方面的发展都需要创新人才，而创新人才的培养则需要创新的教育理念与思想。创新教育理念是与现代社会发展相契合的，在这一理念的指导下，社会各项事业才能获得更进一步的发展。

一、创新教育的相关概念

（一）创新

创新是一个广泛的概念，包括各种类型，如观念创新、制度创新、组织创新、管理创新、教育创新等。这些创新包括了社会生活活动的各个方面。创新不仅是指新出现的事物，而且也包括对旧事物的改造。"一般来说，'创新'一词的含义主要包括两个方面，即引入新概念和革新。"可以说，创新是人们根据一定目标，在相关客观规律影响和指导下，运用已有的知识储备和长期积累的经验，根据自己的设想创造出的新事物或对旧事物加以改造，使之具备新事物的特征的智力活动过程和行为。

从更抽象的哲学意义上来看，创新是人类永恒的社会活动，是人类主体性的具体体现。创新在整个人类发展历史中产生了巨大的推动作用，从原始社会到现代文明社会，人类的进步和发展无一不是创新的结果，尤其是发展到现代社会，新发明、新技术、新工艺、新创造不断涌现，都是创新的成果。创新意味着伴随人类文明的进步，人类社会出现的一系列新的发展和变化。对个体而言，创新就意味着个体生命质量的提升。通过创新，人们在改造客观世界的同时，也在改造自己的主观世界，使自身不断获得进步与发展。可以说，创新是人类的本性和本质特征。在社会发展的过程中，人具有极大的可塑性，人们善于通过生活、活动、实践获取知识、经验来充实与发展自我，进行创新。在社会不断发展和进步的背景下，人们不会停留在某一阶段或某一状态下，而是总是通过自己的实践再生产、再创造，促使事物获得更进一步的发展，这就是创新。

（二）教育

从广义上而言，教育普遍存在于人们的各种生产、生活活动之中，通常来说，凡是一切增进人们知识、技能、身体健康以及形成和改变人们思想意识的过程，都可归结为广义的教育。

狭义的教育则是人类社会发展到一定历史阶段的产物，人类社会发展到一定阶段，教育活动开始从社会其他活动中分化出来，成为一种独立的过程。与社会其他活动不同，教育有着非常特殊的功能，即教育活动是通过培养人的活动而作用于一定社会，使社会获得持续性发展。教育的具体过程是：一部分人以某种特定的影响作用于另一部分人的身心。它的直接目的是要使人的身心发生预期的发展和变化，获得预期要求的品质和特征。狭义的教育是指教育者按照一定的社会要求和人的自身发展需求，向受教育者的身心施加有目的、有计划、有组织的影响，使受教育者发生预期变化的活动。从这一概念可以看出，狭义的教育过程主要包括教育者、受教育者和教育影响三个要素。其中，教育者是教育实践活动的主体；受教育者是教育实践活动的对象；教育影响是教育者和受教育者之间的一切中介的总和。这三个方面的要素相互联系、相互影响，共同构成了教育的本质。

综上所述，狭义教育包含在广义的教育概念中，而其中的某些特征是广义教育所不具备的。通常情况下，狭义教育就是指学校教育。

（三）创新教育

1. 创新教育与素质教育

在创新教育讨论中，价值取向说受到整个社会的广泛关注。根据这一学说，创新教育是指在基础教育阶段以培养人的创新精神和创新能力为基本价值取向的教育实践，其核心是在实施素质教育的进程中，为了紧跟时代发展的潮流，着重研究学生的创新意识、创新精神和创新能力。虽然这一概念只针对基础教育，但从教育目的的角度去定义创新教育，依然具有普遍意义。换句话说，创新教育的定义虽然是针对基础教育提出的，但对高等教育乃至职业教育、成人教育等同样具有普遍意义。由此可见，创新教育的这种价值取向说定义有着非常深刻的影响。

从教育哲学角度而言，创新教育研究的教育转向说在学术界也产生了较大的影响。这一学说认为创新教育是从守成性教育、维持性教育到创新性教育的转向，从注重教育的文化传承功能向注重教育的文化革新功能的转向。这一转向涉及教育目标、教育内容、教育原则、教育方法、教育评价标准的全面、根本性的变革，是教育功能的重新定位，是带有全局性、结构性的教育革新和对教育发展的价值追求。严格来说，这一概念还不能作为创新教育的定义，但由此形成的教育转向论有助于人们认识与理解创新教育的实质。

随着素质教育的不断发展，创新教育与素质教育之间的关系越来越密切，久而久之，便形成了素质教育说。在该学说中，创新教育是一种关于培养人的创新能力的教育。它是以激发人的创造本性为前提，以传授现代科学知识信息、训练创造性思维、学习创造技法为内容，以开发人的创造潜能、培养人的创新精神和实践能力、发展人的创造力、促进人们创新能力的发挥，并促进人的整体素质发展为目的的新型教育。

在创新教育概念的定论方面，理论界持素质教育说观点的人较为普遍。创新教育是指在基础教育阶段以培养人的创新精神和创新能力为基本价值取向，以发展人的创新潜能、弘扬人的主体精神、促进人的个性和谐发展为宗旨，以研究和解决如何培养学生创新意识、创新思维、创新能力以及创新个性为主要目标的教育理论和方法。通过对传统教育的扬弃，探索和构建一种新的教育理论和模式，并使之逐渐丰富和完善，使学生在牢固、系统地掌握科学文化知识的同时，发展创新能力。因此，创新教育是素质教育的重要组成部分。

综上所述，创新教育是素质教育的重要组成部分。它是以人为本的个性化教育。创新教育是人的个性发展和知识经济时代的需要，以激发和挖掘人的创新意识为核心，以弘扬人的创新精神、形成人的创新能力、全面提高人的创新素质为目的，以培养创新人才为目标，通过对传统教育的改革和创新，探索和构建起的新的教育模式。

2. 创新教育的内涵

（1）创新教育属于一种现代教育思想和教育理念。创新教育属于一种现代教育思想，是指它相对传统的以传承知识为基本价值取向的教育思想而言的。创新教育是以培养人的创新精神和创新能力为基本价值取向的。由于教育思想方面存在一定的差异，因此，人们所追求的教育目标及遵循的教育方法、目的等也存在较大的差异。在传统的教育思想引导下，学生学习的方法目的是"学习知识、了解知识"；创新教育则要求学生在学习的方法目的方面，不仅要"研究知识"，而且要"深入挖掘知识"。概括地说，传统教育思想的特征是在现有知识范围中培养模仿力，解决同类问题。而超越现有知识范围、培养独创力、解决新问题则突出反映出创新教育的基本特征。所以说，创新教育是一种现代教育思想和教育理念，是符合现代社会发展潮流的一种教学理念。

（2）创新教育的本质是突破传统，革新与发展。每一种新思想的提出都是对过去旧思想的扬弃，知识经济时代的创新教育思想就是对传统教育思想的扬弃，但提倡创新教育并不是否定有着悠久历史的传统教育。创新离不开传统，传统孕育创新。创新一旦成熟，也会演进为传统。这是传统和创新的辩证统一关系。创新教育理念的新颖性是以传统教育的坚实性为基础的。倡导创新教育，并不是在目前教育运行体制外"另起炉灶，改铺新路"，而是以适应新时代的教育思想理念去推动教育事业的创新发展。

（3）创新教育是一种新的教育原则。在现代教育发展的今天，创新教育越来越重要。教育原则是教育思想的浓缩和凝结。作为一种教育原则，创新教育必须以学生为中心，以培养学生的创新精神和创新能力为主，促进学生积极主动地去学习，这样才能促使学生综合素质的发展和提高。

（4）创新教育是教育教学改革的实践。创新教育属于教育教学改革的实践活动。这是因为，作为一种实践活动的创新教育，主要指学校为培养学生的创新精神与创新能力在教育教学方面的具体安排和策略。学校创新教育不仅渗透在课堂教学活动中，而且还包括培养学生创新能力的专门活动，以及社会教育机构协同开展的一系列教育教学实践环节。辩证唯物论的认识论认为，实践和认识是密切地联系在一起的，是辩证统一的关系。从总体上说，人们正确思想的形成，科学文化知识的获得，都离不开社会实践。人们往往把学校作为培养学生创新精神与创新能力的唯一机构，但事实上，创新教育是一项系统工程，需要社会各方面、各系统密切配合。

培养学生创新精神和创新能力，不仅要通过学校课堂教育教学，而且要通过大量的科技实践活动，因此，创新教育是一系列教育教学改革的实践活动，对学校教育的发展具有重要的意义。

二、创新教育的发展背景

创新教育的发展是有着一定的时代背景的。进入 21 世纪后，社会逐步过渡到创新时代，社会各项事物都获得了创新发展，大量的具有创新意识与创新能力的人才不断涌现。以上这些都是与创新教育有关的时代背景，与创新教育的发展密不可分。

（一）创新时代的发展背景

现代社会是一个创新发展的社会，进入创新社会后，创新时代呼唤创新教育。创新教育是现代教育的题中之义。只有创新教育发展了，才能使创新人才辈出。因此，创新时代下创新教育的出现是顺理成章的事情。在发展创新教育的过程中，必须贯彻以人为本的基本原则，实施个性化教育，促进学生的个性化发展。

在现代社会背景下，知识已成为经济发展的主要动力。21 世纪是知识经济占主导地位的世纪。同时，现代经济的发展日益凸显科技竞争的激烈。科技自主创新能力关系到一个国家的核心竞争力。而所有这些，都离不开创新人才的培养。21 世纪国与国的竞争归根结底是创新人才的竞争。因此，作为培养创新人才的教育问题就摆到了突出地位。由此可见，创新时代呼唤创新教育，这主要表现在以下两个方面。

1. 科技进步促发学习革命，知识经济催化教育改革

在当今社会，知识经济是一种创新型经济，知识信息量激增及知识创新周期性日益缩短，越来越成为经济增长中最具生命力和最活跃的生产要素；创新成为推动知识经济发展的不竭动力。我们所面临的知识经济又是劳动主体智力化的经济。知识经济的关键在于创新，而作为劳动主体的人是创造的载体，唯有具备创新能力的人才能充当知识产业中的决定性因素。同时，世界正处在改革的年代，21世纪的社会变革速度将更快，五彩缤纷的未来社会必将呼唤富有创意、勇于创新的人才。社会可持续发展所面临的许多世界难题也迫切需要最具创意的科学思想。只有以开发创造能力为目标，以培养创造型人才为宗旨的创造教育才能适应社会、经济发展的要求。

在现代社会背景下，青年学生正处于思维创造活动的最好年龄，他们将责无旁贷地成为我国国家创新体系中的生力军。因此，目前在学校教育中开展创新教育已迫在眉睫。创新教育将为中国建立国家创新体系做出重大贡献。我国教育发展的现状也日益凸显教育创新的迫切性。教育必须为社会经济的发展服务，培养的人才必须符合社会经济发展需要。这是教育发展的基本要求。

目前，我国教育系统正在由应试教育向素质教育转轨，开展创新教育正是实现这种转轨的关键。要想从应试教育中走出来，对应试教育进行改革，关键就在于实施创新教育，对以往的教育内容和方法做根本性创新。只有这样，才能进入素质教育的广阔天地。从这个意义上讲，创新教育既是冲出应试教育怪圈的突破口，也是转向素质教育的切入点，因此，创新教育担负着神圣的使命，对学校教育乃至我国社会的发展都有深远的影响和意义。

2. 教育创新关系国家创新体系的可持续发展

教育创新的根本宗旨在于培养创新人才。一个国家有没有足够的科学储备，有没有持久的创新能力，关键在于教育。教育是创新人才成长的摇篮，任何领域的任何一种创新都同教育分不开。鉴于在知识、科技创新中的作用，教育也被纳入国家创新体系的重要部分。据有关专家论证，国家创新体系可分为知识创新系统、技术创新系统、知识传播系统和知识应用系统。其中，知识创新系统的核心部分是国家科研机构和教学科研型大学；技术创新系统的核心是企业；知识传播系统主要指高等教育院校和职业培训院校；知识应用系统的主体是社会和企业。

（二）创新人才的发展背景

随着现代社会的不断发展，人才在整个社会发展中扮演着越来越重要的角色。培养创新型人才，是建设创新型国家的重要战略举措。世界范围的综合国力竞争，归根结底是人才的竞争，特别是创新人才的竞争。谁能培养、吸引、凝聚、用好人才，特别是创新型人才，谁就抓住了在激烈的国际竞争中的战略主动权、实现发展目标的第一资源。因此，现代教育的重要任务是为培养创新型人才服务。创新教育是培养创新人才的摇篮。

一般来说，实现教育为培养创新型人才服务需要做到以下三点。

首先，确立创新教育的理念，切实把培养创新型人才作为教育事业的首要目标。实施创新教育，培养好创新人才，国家的知识创新、科技创新才有生力军。

其次，探索创新教育的机制。尤其需要一种不同于传统教育的全新的运行机制、考核标准。树立个性化教育理念，把教育办成开发人的潜能、发展人的个性、活跃人的思想的开创性事业。要建立个性化的教育体制和评估体系，尝试建立并不断完善个性化的教育体制。

最后，实现教育为培养创新型人才服务，还要培育有利于创新教育发展、创新人才成长的氛围。要针对大学生创新能力存在的问题开展创新教育。青少年代表着社会发展的希望和强大的力量，而创新的希望也在于青少年。创新意识和创新能力始终是青少年人才素质中最核心的因素。

三、创新教育的主要特征

1. 主体性

创新教育的主体性是指创新教育行为的主体性特点。由于创新活动依赖主体的外化过程，是主体这个内因在起作用，离开了这个内因的作用，任何有利于创新的外因都将失去意义，由此可见，创新教育行为的主体性是外因通过内因而起作用的。创新教育的主体性强调教育要尊重学生的主体性地位，重视学生的人格发展和个性独立。

与传统教育被动式教学不同，创新教育要求学生积极主动地去获取知识，对社会中的各种信息进行提炼和加工，探索多种可能和结果。传统教育偏重于使学生通过获得既有的知识和经验来解决已经发生的问题，重视学生的模仿和继承功能。而创新教育提倡学生有目标、有选择地学习，不满足于对现成知识的获取，能创造性地运用所学知识去适应新情况，解决新问题。

总之，创新教育的主体性主要体现在两个方面：一是要唤起学生的主体意识；二是要发挥学生创新的主体精神。在创新教育理念下，创新活动不是教师强加给学生的，而是学生积极创造性的活动。

2. 全体性

创新教育的全体性是指创新教育对象的全体性。它是由知识经济时代教育的基础性地位决定的。知识经济以现代科学技术为核心，建立知识的生产、处理、传播和应用基础上的经济，是一种以知识为基础的经济。这里的知识创新在其经济增长方面呈现为关键性因素。而知识创新主要依赖高素质创新人才的创新活动。学校就是培养和造就这种高素质创新人才的摇篮。这种基础性地位的摇篮性质就决定了创新教育必须面向全体学生，不能再像过去那样教育只面向少数学生。过去面向少数学生的应试教育，阻碍了学生的创新能力培养，学生的创新意识、创新精神也无从谈起。因此，在当前教育背景下，必须坚持创新教育，不断加强学生创新精神与创新意识的培养，这样才能促进人与社会的共同发展。

3. 共融性

创新教育的共融性，是指创新教育努力塑造智商和情商的和谐共融，锤炼完美健全的理想化人格。在传统教育理念下，学生处于被动地位，个性难以得到展现，在教学活动中，学生的各种行为受到压制，不能获得健康的发展。而创新教育则追求人格发展的和谐性与特异性的统一。

所谓"人格发展的和谐性"，就是注重德、智、体、美、劳在学生身心发育中的有机渗透，培养其矢志不渝的人生信念、坚韧不拔的奋斗意志、锲而不舍的顽强精神、高尚纯洁的道德品质、超尘拔俗的审美理想、宽广渊深的文化素养和敏捷灵巧的生活技能。

所谓"人格发展的特异性"，是指从事未来创造性工作所应必备的独特精神品质，主要包括独立的个性和人格，破除旧思想的批判精神，富于变通的灵活态度，博大、宽阔的胸怀等。创新教育就体现出个性发展的和谐性和人格发展的特异性。

4. 全面性

创新教育的全面性是指创新教育的内容具有全面性的特点。创新教育的全面性是由创新活动的规律和特点决定的。创新教育的内容有很多，其中思想创新、方法创新、知识创新、技术创新等都是重要的方面。创新教育并不是独立的，而是建立在素质教育基础上的全面性教育。因此，把创新教育局限于某一课程、某几个或部分学生，是与素质教育目标相悖的。创新教育必须贯穿于所有的学科教育中，即把创新教育贯穿和渗透到德、智、体、美、劳等各教育中，并且在教育的内容上注重整体的结构性。在素质教育的今天，创新教育要培养学生的创新素质，包括创新意识、创新精神、创新兴趣、创新能力等方面。

5. 创新性

创新教育的创新性主要指创新教育目标具有创新性的特点，它是有别于应试教育的"应试性"而提出来的。应试教育的目标，是为适应升入高一级学校的需要，最后把学生培养成"英才""专才""专家"。因此，凡是升学需要的教育内容就认真地教，不需要或用处不大的就可少教甚至不教。应试教育使学生完全围绕考试而学，以致学习负担过重，难以适应社会发展的需要。而创新教育的目标就是要着重培养具有创新精神和创新能力的创新型人才。因而，必须彻底改革应试教育，通过创新教育，使学生接受全方面教育，培养出具有创新精神的人才。

6. 实践性

创新教育还具有重要的实践性特征。创新教育的实践性特征主要表现在以下三个方面。

第一，创新教育注重对受教育者实践能力的培养，使之具有征服自然、改造社会的本领。

第二，创新教育强调受教育者社会活动能力的培养，即具有在社会实践中进行交往、公关，从事社会活动的能力。

第三，创新教育强调受教育者处理社会问题的经验、技巧与技能的掌握和习得，从而能较好地适应社会生活，从事社会实践活动。

7. 环境宽松性

创新教育环境的宽松性是指创新教育必须创设一个有利于学生创新与成长的宽松环境。创新教育环境的宽松性是由创新人才成长的规律和特点决定的。创新必须有良好的创新环境，创新教育首先要在社会、学校和家庭中创造有利于学生创新意识、创新精神、创新能力培养和发展的宽松环境，形成学习上自由讨论、观点上兼容并蓄、开拓上行为解放、探索上大胆尝试的良好氛围，使创新思想大迸发，创新精神大发扬，创新活力大奔放，为创新人才脱颖而出创造良好的创新教育环境。

四、创新教育的理论基础

创新教育的发展是遵循一定的规律与原则的，同时也是在一定理论基础上而获得发展的。这些理论基础主要包括教育学、人才学、未来学、脑生理与心理学、人本主义、建构主义等方面。

1. 教育学

教育学是研究教育现象和教育问题，揭示教育规律的科学。教育学作为一门独立的学科，有着悠久的发展历史。在人类的历史长河中，人类在创造灿烂的物质文明与精神文明的同时，也积累了丰富的教育经验，提出过许多富有真知灼见的教育思想，对教育活动的规律的认识也逐渐深刻。到17世纪，随着自然科学的迅猛发展，教育学科逐渐确立。

教育学是适应人们在生产劳动过程中传递生产经验和社会生活经验的实际需要而产生的。经过原始教育、古代教育、现代教育几个阶段，已经成为一门十分完善的学科。教育学理论的发展，为创新教育打下了坚实的理论基础。

创新教育是教育规律发展的必然结果。教育规律是客观存在的，它同人类的历史发展一样，是一个自然的历史过程。人类自古至今的教育演变过程，其实就是由教育的自在状态向教育的自为状态发展的历史必然过程。这个教育发展的过程是科学过程和人文过程的统一，旨在培养一代代具有创新精神和创新能力的创新型人才的创新教育，是教育发展到知识经济时代的必然结果。

教育是知识经济的基础，而创新教育则是知识经济的现实要求。当前，人类社会已经进入知识经济时代。人类社会产生了深刻的革命性变化，人类的生活方式、工作方式、思维方式以及交往方式都发生了重大的变化。知识经济的兴起标志着社会生产方式的重大转变，从而使社会劳动力的结构发生了根本性变化。

在当前社会背景下，世界各个国家、民族的竞争已经上升为知识的竞争，现代社会也进入知识经济时代。知识劳动将成为绝大多数人谋生的手段，社会的每一个成员自身的生存能力将最终取决于获取和运用知识的能力。高素质、创新型人才成为适应时代和把握未来的关键因素。这种高素质、创新型人才不是与生俱来的，只有通过教育才能实现。只有通过创新教育，才能培养一批批高质量的创新型人才，从而促进一个国家或地区的健康、快速发展。

2. 人才学

人才学是关于人的成才规律与人才发展规律的科学。人才学可以说是一门新兴的综合型学科。所谓"人才"，就是德才兼备或具有某些专业特长的人。一般来说，人才大致可分为两类：一是具有社会责任感，对社会具有较大贡献的普通劳动者；二是具有特殊专长，在某一领域内具有较大影响力，并做出突出贡献的专家、学者。

人才学理论研究的基本问题是人才与环境的关系。一方面，人才是环境的产物，受环境制约；另一方面，人才通过发挥主观能动性改变环境。人在受到环境制约的同时，也能改变环境。人类社会的历史，在一定意义上说是改变环境的历史和个体成才的过程，也是人在不断协调与解决自身和环境的关系的过程，人对客观环境的改变，正是人创造性与能动性发挥的表现。

个体成才受到自身先天素质和后天的德、识、才、学、体等素质的制约。人才的先天素质是人才的自然基础或物质前提，遗传是人的生物特征，它影响着人的生理素质，对人的影响主要体现在智力和体格上，对人的成才产生间接影响。提高人的先天素质是通过优生优育来实现的，优良的先天素质为人的成才打下了坚实的物质基础。人的后天的德、识、才、学、体等素质是通过人的后天培养教育和实践活动来实现的，它是个体成才的决定性因素。即使拥有健全的大脑与强壮的体魄，如果忽视对个体的教育与智力开发，个体的智力发展会受到严重影响，能否成为一个智力健全的人都难说，更不用说成为人才了。由此可见，遗传并不是成才的决定性因素。

后天的教育与环境对人的成长至关重要，与环境相比，教育对人的成长与成才比环境的作用显得更为重要。教育是有计划、有目的、有组织地对人进行思想道德、知识能力等实施影响的过程。它对人的影响最为直接和巨大，而环境对人的影响则是自发的、间接的。因此，人才学的核心问题是通过研究个体的成长与成才发展的规律，分析个体成长与成才的先天条件以及后天的教育与环境，特别是教育与社会环境对个体成长与成才的影响，从而为个体高素质的形成与成长过程提供所需要的教育条件。

创新教育是根据人的发展与社会发展的需要，以培养学生创新精神与创新能力为根本目标的教育。培养高素质、创新型人才是创新教育的根本要求，换句话说，创新教育是培养创新型人才的教育。因此，要根据人才学原理，变革中国传统教育的那种"传授知识型"的教育为"培养创新型"的教育，通过创新教育，为社会培养出杰出人才。

3. 未来学

未来学是以现代自然科学和社会科学所确立的规律为依据，以社会未来作为研究对象，运用科学的预测方法对社会前景进行科学预测的综合性学科。主要通过对社会现象、社会问题、社会过程的发展和变化及未来进行研究，探索和预测社会未来发展变化的前景和规律，寻求控制和创造社会未来的途径。

未来学为创新教育的发展提供理论指导，知识经济时代，教育必须适应知识经济的发展，教育必须面向未来，把发展教育的参照系由现实转向未来，这是教育发展中的重大战略转变。这一转变势必要求教育观念、教育体制、教育目标与评价体系、教学内容和方法手段等都随之进行相应的规范转换，这些显然离不开科学的教育未来学的指导。

教育不仅创造着自身的未来，而且孕育着未来世界的创造者。这一特点决定了在未来的选择与创造中，教育负有特殊使命，今日教育塑造出的人才在很大程度上决定未来世界的风貌。随着现代社会的不断发展，社会竞争的压力越来越大，面对这样的形势和背景，教育必须面向未来，以未来学为指导，实施创新教育，争取培养出一大批高质量的人才，这样才能促进国家和社会的持续、健康发展。

4. 脑生理与心理学

素质应着眼于脑潜能的开发和大脑左右半球整体功能的协调。人的大脑两半球的神经网络分别以不同的方式反映事物：左脑用逻辑思维方式，主要集中在显意识功能上，具有观念的、分析的、连续的功能；右脑用形象思维方式，主要集中在潜意识功能上，具有音乐的、绘画的、综合的和几何空间的鉴别功能。同时，大脑左右两半球还有协调活动和在一定条件下互补的功能。人的创新创造能力就是大脑左右两半球整体功能的充分发挥和表现。

从心理学的基础看，人的创新心理和创新实践是人脑的机能，人的创造性与人的智力水平、个性品质、心理健康有密切关系。创新教育要营造创新心理氛围，塑造创新人格，开发创新心理潜能，消除创新心理障碍，培养学生的创新心理素质。脑科学和思维科学的研究成果为创新教育的实践提供了科学依据。创新教育要开发人的潜能，应从小就培养学生的创新精神，培养表象想象能力和创造想象能力，留出思维空间，培养创造动机和人格，创造轻松、愉快的创新教育环境。

5. 人本主义

人本主义理论以人的整体性研究为基础，崇尚人的尊严与人的价值，关心人的理性与非理性的一切方面的发展，反对忽视情感需要而一味进行理智训练。

人本主义理论是在批判行为主义过程中应运而生的。行为主义理论主张研究人的外显行为，反对将意识和内部心理过程作为研究对象。它认为学习是由经验而引起的行为改变，学习过程是"刺激—反应"不断积累的过程。这种理论影响下的教学，教师是知识的传授者，其任务是提供外部刺激，即向学生传授知识；学生是知识的接受者，其任务是接受教师提供的信息刺激，即理解和接受教师的知识传授。

人本主义理论的基本观点主要是：①在目标上，强调个性与创造性发展。②在内容上，强调直接经验。③在方法上，主张以学生为中心，放手让学生自我选择和自我实现。人本主义理论强调以学生为中心，自主接受知识、培养能力、选择策略与方法，自我评价、自我管理、自由选择和支配时间。只有当个体的需求、身心的发展状况、个体的求知风格与目标相一致时，"学习"才会有效。

人本主义强调个体自主地发展自身在认知和情感方面的潜能，教师的教学目的不是教学生怎样学习，而是教学生如何"自我实现"。只有这样，才能实现学生学习的独立性、自主性、能动性、创造性，达到真正意义上的学习。这种理论使学生处于中心地位。这样，学生的主动性、积极性都得到了充分发挥，学生的独立个性、创新意识和创新能力也都得到了培养。

6. 建构主义

建构主义理论认为，对客观世界的理解是由每个人自己决定的，学习是学习者主动地建构内部心理表征的过程。人们对信息的理解是通过运用已有的经验，超越所提供的信息建构而成的，而且记忆系统中的提取信息本身，也要按具体情况进行建构。

建构是对信息意义的建构，同时又包含着对原有经验的改造和重组。另外，因为学习者虽然是以自己的方式建构对事物的理解的，但是通过学习者之间的合作，可以使理解更加丰富和全面。在这一基本观点的基础上，建构主义者提出了随机进入、支架式、情境式等自主学习策略，为现代教育提出了许多创建性的教育教学思想。

在以建构主义理论为基础的教育教学中，学生不是教学刺激的被动接受者和知识灌输的对象，而是学习活动的积极参与者和信息加工的主体，是知识的主动建构者，居于不可动摇的主体地位。学生面对复杂的真实或近似真实的问题情境，会主动地收集和分析有关的信息资料，在对所学的问题提出各种假设并在努力验证这些假设的过程中，将当前的学习内容与自己已有的知识内容联系起来，并针对这种联系进行认真思考，即主动用探索法和发现法去建构知识的意义。这样，教师由知识的传授者、灌输者转变为学生主动建构的帮助者、促进者。在教学过程中，教师起主导作用，学生的主体地位也能得到很好的体现，因此，这一理论比较科学，能培养学生自主学习的意识和能力。

第二节　高校体育教学改革创新的背景

一、高校体育教学与创新教育

以创造性发展的原理为指导，在兼具艺术性和科学性教学方法的作用下，使学生的健康个性、创造能力和创造意识得到有效培养，进而全面推动创造性人才培养目标实现的新型教学方法即为创新教育。

"体育教学是在体育教师和学生的共同参与下，采取符合体育教学任务的方法，指导、激励学生积极主动学习体育和卫生保健知识，掌握运动技术、技能和锻炼方法，增强学生体质，培养良好的思想品德的一个有组织、有计划的教育过程。"[1] 作为学校教育的有机构成，体育学科既统一于其他学科，又具有自身的个性。通过体育教学，学生获得了开阔

---

① 任俭，王植镯，肖鹤. 体育教学原理及体育学法的创新研究 [M]. 北京：中国纺织出版社，2019：2.

和专属的活动和学习环境，以及满足其实践、操作、思维和观察需求的表现机会，相对于其他学科，体育学科在开发和提高学生创新能力方面优势明显。

所以，作为体育教学改革和素质教育目标实现的重要途径，将创新教育渗透到体育教学中，有助于学生创造性思维、创新能力、观察能力以及知识信息获取能力的培养。

（一）高校体育教学中创新教育的多样化

"体育教学活动并不是一成不变的，而是一个动态过程，这一过程中包括知识和技能的传授过程。"① 在体育教学的不同阶段，体育教学的模式、方法等也因为多方面的作用和影响而不断发生着变化。

第一，多样化的教学模式。例如强调学生学习技能和实现心理发展的模式，侧重教学安排的模式，侧重教学内容的模式，侧重生生关系或师生关系的模式，以及突出综合运用多重模式的倾向等。这些教学模式无论是学习状态由被动向主动的过渡，还是生理改造向培养终身体育意识的过渡，抑或是由学会向会学的过渡，都充分表明各个教学模式适用范围的专属性，虽然仍须进一步完善这些教学模式，但其在有机结合体育教学理论和时间上的作用必将越来越凸显。

第二，有机结合多种教学方法，方式灵活。例如为了促进学生个性发展而采用的多样化培养层次结构和灵活多变的培养形式。多样化的教学形式主要表现为理论教学、小组创编队形、分组考核、电化教学、提示教学、循环教学、分段教学、集体教学等，为了实现使学生性情得到进一步陶冶、学生情感得到有效激发的教学目标，教师应当积极组织生动有趣的活动，如我国体育发展史回顾活动、体育明星访问活动、观影活动等，以激发学生的情感共鸣。

（二）高校体育教学中创新教育的自主性

求异创新是创新教学的重要内容，即强调通过对学生的独立分析问题能力培养来实现学生从不同角度思考问题、解决问题的目标。在教学实践中，教师要坚定激发学生学习积极性、培养学生创新思维的方向，通过多样化、创新化、灵活性教学方法的应用，来实现促进学生发散求异、自主探究的教学情境的构建，以及自主表达、各抒己见的浓厚讨论氛围的营造，最终挖掘和开发学生的创造力。

如果教学活动开展的前提、过程和结论都是确定化的，那么就会造成学生的直线性思维，进而阻碍学生创造性思维和独立意识的培养，以及增加优化学生思维品质的难度。而

---

① 杨艳生.体育教学改革与创新实践研究［M］.长春:吉林人民出版社,2021:3.

若是减少讲解的比重，则可以赋予教学内容独特的思维价值，使学生思维能力的发展得到有效推动。除了提出各种发散性问题以引导学生探索不同答案和解决问题的多重方法外，教师还可以鼓励学生大胆提出疑问。以上两种路径，可以使学生的创造性思维得到有效训练，同时凸显学生对问题进行发现、分析和解决的创造力。

在 21 世纪，为了适应社会发展的需要，高校体育必须实施创新教育。提高我国国民素质和国家创新能力的关键是培养具有创新能力的人才。体育教师在创新教育中起到什么作用，要培养学生的创新意识和创新能力，教师就必须是一个创新者。

1. 体育教师应具备创新意识

作为国家发展的基础，创新是一个民族发展的灵魂，是一个民族进步的不竭动力。教师是否具备创新意识和创造力，将对学生创新能力和创新意识的培养发挥决定性作用。而若想提升教师的创新意识，先要创新教育教学，如创新使用教材、器材、教学方法与手段等。

学生是体育教师教学活动的接受者，因而，基于对教材特征和学生个性差异的精准把握，体育教师还应当重视所采用教学方法的针对性，坚决避免出现以统一化标准对待差异化学生的现象发生。

体育教学是构成国家教育创新体系的有机部分，针对这一点，教师必须树立正确客观的认识，同时，要将取其精华、去其糟粕的原则贯穿在继承传统体育教学的全过程，既进一步强化科学研究，又体现时代发展的趋势，使高校体育彰显中国特色。

当然，作为兼具终身体育意识、实践能力和创新精神的和谐健康的公民，体育教师也要将培养创新型人才作为其开展创新教育的根本目标。

2. 体育教师应具备较高的综合素质

评判一名教师是否具备创新能力，应当参照其是否能在学生创新的激发，以及学生创新能力的多角度、多层次培养方面发挥重要推动作用。具体来讲，创新型体育教师必须具备以下五种基本素质。

第一，爱岗敬业的职业道德，这是指引教师正确认识体育教学现实意义，同时在体育教学中兢兢业业、勇于奉献的思想保障。

第二，广阔的视野、敏捷的思维以及对新知识、新信息的接受能力，这是体育教师全面了解体育学科、对体育学科最新动向进行把握的基本前提。

第三，对前沿教学理念和创新思维方法的熟练掌握，以及较强的综合能力（如开发和利用创新教育资源的能力、创造性思维能力、教学实践能力、教育科研能力等）。

第四，基于对师生良性互动的进一步强化和良好创新氛围的营造，体育教师要能引导学生求新存异、勇于探究，要能对学生创新主动性、能动性的激发以及成功欲望的启发发挥重要的诱导作用。

第五，为了正向指导学生的人格养成和学业发展，教师必须不断提升个人内心世界的丰富性和人格空间的开放性水平。

总之，基于教师的主动作用，体育课堂教学能使学生的主体性得到充分发挥，面对学生提出的各种疑问，教师要端正态度、正确对待、积极鼓励，以 21 世纪素质教育要求为标准，培养具备创新能力的优秀人才。

二、高校体育教学需要对人格进行塑造

（一）高校体育教学中人格教育的意义

整体上讲，凡是以实现健康人格塑造为最终目标的教育类型，也就是对与意识倾向相联系的人格因素（如态度、观点、操行、品德、爱好、性格、气质等）的健康发展发挥重要促进作用的教育内容，均可被称为"人格教育"。学生的全面发展所涉及的对象，并不仅是小部分人，而是满足社会发展需要的全体学生的共同进步，它要实现的发展目标也是涵盖德、智、体、美、劳等内容在内的人格的全面发展，是摆脱了统一范本和标准束缚，具有明显个人独特性的个性发展，是基于学校推动的、学生的当前发展而存在的可持续化的终身发展。

在体育学科教学任务和教学性质的双重影响下，体育教学应当将人格教育纳入其教学体系的重要内容。"体育教学在培养学生健康体魄的同时，也很好地培养了学生群体的人格健康发展。"① 从高校开展体育教学的角度来讲，应当坚定提高学生心理、身体和社会适应能力整体健康水平的体育教学方向，践行"健康第一"的思想指导，通过多个领域（如行为、情感、认知、技能等）并行推进课程结构的构建，在课程实施的全过程贯彻和落实学生健康水平的增进理念。

同时，体育教学的人格教育还"体现在学生品德、心理品质培养方面。在体育教学过程中，不仅能培养学生的竞技意识和精神，还能培养学生诚实、守纪律的品质以及刻苦耐劳、勇于拼搏的意志"。② 除此之外，将人格教育渗透到体育教学中，也与教育的现实需求相适应。

（二）高校体育教学对塑造大学生健康人格的作用

1. 培养竞争能力和参与意识

随着现代社会开放程度的日益提升，人们越来越重视个人对社会的融入和奉献，认为

---

① 王宇航. 体育教学对学生人格发展的影响［J］. 运动，2015（23）：87~88.
② 王海燕. 现代体育教学功能实现与创新应用［M］. 北京：中国书籍出版社，2021：9.

这是人生价值得以体现的有效路径。

作为社会群体的活跃度最高的人群，大学生在融入多样化、挑战性、丰富性的体育项目方面具有得天独厚的优势，甚至对大学生群体而言，融入体育活动也是其明确个人定位以及在娱乐、体验、竞技、观赏的过程中有所收获。优胜劣汰在当下的竞争社会背景中已经成为社会大众的共识，基于此，我们必须在大学生培养方面进一步凸显其勇于面对挑战、勇于应战的能力和勇气。

本质上来讲，体育的发展过程集中体现了人类竞争意识、创新意识和表现意识的实践和可持续发展。尽管含蓄、谦逊是我国传统儒家思想的核心与内涵，而在这种思想的影响下，青年人无法充分展现其个性和能力，但是，积极进行能力、水平和自信的自我展示和表现恰恰是体育活动对学生的重要要求，只有这样，才能将学生展现在别人面前，使其他人更直接、更透彻地了解学生的能力和魅力。与此同时，除了对学生肌体质量的有效改善之外，参与体育活动还对学生的性格与气质、自信勇敢的人生态度的养成发挥着重要影响力，从而推动其培养勇于接受挑战的勇气。

2. 培养团体意识和创造能力

团队的力量永远高于个人力量。置身于一个纷繁复杂又充满挑战的社会里，更多地需要通过团队的力量、集体的智慧去克服困难，攀越高峰。团队集体项目在体育运动中出现的频率极高，集体是每一个成员能力发挥和潜力挖掘的环境，而成员之间的相互配合、协调统一则为集体项目的成功提供了重要保证，因而，就必须杜绝极端的利己主义、以自我为中心以及无视集体力量等情况的出现，坚定健康积极的道德基础，以集体荣誉感、责任感来升华个人思想境界，捍卫集体利益。

同时，要让成员正确看待个人力量与集体力量，从而培养其集体主义价值观，促进其乐于助人、合作意识等优良品质的养成，以及为其参与学习活动提供动力保障，通过对先进技术和知识的掌握，有效推动社会的进步和个人的社会融合程度。当然，我们也不能因此完全忽视个人的创造能力，一个集体的创造能力必然来源于集体中每一个个体的创造力。因此，提高大学生的创新思维和创造力是培养、完善其人格的必然要求。只有这样，才能保障学生思维活动的积极性，引导其自主思考，对原方案进行及时调整，从而有效应对瞬息万变的赛场，使学生思维的创造性和灵活性得到有效培养。

3. 培养挑战意识和自律能力

体育教学过程中，通过教学内容的巧妙设置、方法手段的有效实施等，引导学生向难题、障碍、对手挑战，使学生在经历过筋骨之劳、体肤之累和心灵之震撼之后收获一段宝贵的挫折经历，获得战胜自我、对手和困难后的愉悦感。

同时，教师作为这一过程的主导者，应从方法论上指导学生，使其战胜困难、不断前进，有效鼓励其自信心，当他们面对挫折展现出退缩状态时，要教会学生坚持不懈，直至最后的胜利。经过长时间的训练，学生不仅学会了积极乐观地面对和处理现实境遇，还可以在迎接新挑战时保持积极健康的心态，从而奠定其健康人生价值观的基础。

除此之外，公平合理是体育的基本属性，我们应当遵循其特定的游戏规则，以免因违反规则受到牵连，而受限于既定规则，也是任何人参与体育游戏和竞赛活动的基本前提，更是参与者道德行为沿着固定方向发展的制度保障。

4. 培养学生的规则意识和健康人格

学生越是表现出对教师和教练的尊重、对规则的遵守、对裁判的服从、对观众的尊重等，越能得到大部分人的喜欢；反之，学生若是表现出对裁判和观众的无视以及极端个人主义、动作粗俗鄙夷等状态，就会因对体育规则和"公德"的触犯被处罚和制裁。而体育活动的开展，就是进一步明确其"个人意志为集体需要让步"的思想意识，使其能在符合体育规章制度的相关规定范围内组织和发展个人行为。更进一步讲，在依法治国时代背景下，逐渐培养其遵纪守法、以法律己的优秀道德品格。

在对健康人格进行培养的过程中，应该重视协调大学生体育能力培养与人格教育之间的关系，使学生的体育能力得到显著提高是现代体育教学的根本任务，所以，在开展体育教学的过程中也应当始终贯彻这一根本任务。

在人格塑造方面，体育教学同样发挥着重要的载体作用。所以，除了使学生的体育能力得到显著提升，体育教学还应当充分发挥其人格教育、审美教育和思想教育的多元功能和多重任务。因而，要严格避免过度强调体育的健身性，将体育学科等同于培养学生健身方法这一"纯健身训练"课工具的误区，只有这样，才能确保人文价值源远流长，才能使素质教育的根本宗旨得到有效践行。同样地，还应当精准把握对体育人文性和体育教学的人格教育功能加以凸显的程度，从而使体育学科培养体育能力的价值得到有效保障。

总之，为了确保体育教学双向性功能的最大限度发挥，必须首先保障高度统一体育学科的工具性和人文性。

三、现代社会发展对高校体育教学的要求

知识经济主导国际经济，这是 21 世纪的主要时代特征，为此，为了培养大量优秀人才以满足知识经济时代社会发展的现实需求，世界各国纷纷对自己国家的教育进行了调整和改革。作为学校教育的重要环节，体育在培养各领域专业人才身体素质方面发挥着重要作用。随着现代社会发展生活休闲化、教育终身化、学习化社会、信息传递网络化、资产

投入无形化和经济发展可持续化等基本特征的日益凸显，学校的教育改革与发展，以及人才培养方针和途径，乃至与未来社会发展、社会生活需要相吻合等都面临严峻的挑战，而这也成为我国高校体育现阶段迫切需要解决的重要问题。现代社会发展对高校体育的要求主要包括以下两点。

1. 提高学生身体素质

在不断变化发展的生产方式的影响下，现代社会人力资源结构中的脑力人员数量与日俱增，相应的结果便是体力从业人员的同等减少，而现代社会生产的全新特征便是以高度的精神紧张对高度的肌肉紧张的取而代之。

在我国各学校中，在日常生活中体力活动量减少和通信设备、城市交通现代化水平不断提升的双重因素的影响下，人们走路的时间和机会大大缩减，而生活富裕水平的提升也增加了人们在日常生活中对食物中高蛋白、高脂肪成分中能量的摄取和吸收，从而导致肥胖人群的扩大化，这也充分表明了现代社会发展的双面性，一方面提升了人们的生活幸福指数，另一方面也减少了人们的体力活动，使社会大众由于运动量过少、运动时间有限而纷纷出现了现代文明病。

作为服务于社会发展、祖国进步的基础，青少年的健康体魄集中体现了中华民族的旺盛生命力，因而，学校开展体育教学要始终秉持并严格践行健康第一的指导思想。作为增强体质、增进健康的积极手段，高校体育在对现代社会文明病的防治方面同样发挥着最有效、最积极的作用。

从这个层面来讲，高校体育要服务于学生身体素质的提高，从而最大限度地满足现代社会对人的身体所提出的要求。

2. 提高学生社会适应能力

随着现代社会的发展，教育者越来越重视提升人的社会适应能力，这主要取决于在影响人的生活和工作方面，适应能力的高低明显高于知识掌握情况和身体健康状况。然而，从现实层面来讲，学生在适应社会方面普遍存在一定的问题。

在日益紧张的生活节奏，以及日益残酷的竞争面前，人们适应自身所处环境的程度直接决定了其面临和应对这些挑战的效果，除了对自然界的约束，"物竞天择，适者生存"的法则对人类的社会生活同样适用。提高学生的社会适应能力拥有多重渠道，而高校体育教学则是其中极其重要的一个方法，因为只有在"社会"环境下，也就是建立与他人之间内在联系的前提下，才能确保大多数体育项目的有序性和有效性。

在参与高校体育教学活动的过程中，当运动需要不同时，参与对象往往需要"扮演"其中的某种角色，并以特定的体育道德标准和体育规则为指导来组织体育活动，久而久之，学生在接触和体验与社会经历相近的各种情景时所采用的方式会更加集中、直接和主动，而从本质上来讲，这既是学生最早接触的具备社交雏形的场所，又体现了一种社会活动，同时在学生社交能力、独立工作能力以及社会适应能力的同步提高方面发挥着不可或缺的重要作用。

第三节　创新教育理念下高校体育教学的提升

当前，社会对人才的要求不再局限于专业能力和学历水平，还包括人才创新能力方面。因此，高校教师需要不断优化自身的教学方法，以满足新时代的人才培养需要。

随着新课改的进一步发展，高校培养学生全面发展的步伐越来越快，高校对体育教学的重视程度也逐渐提高，但与其他主要学科相比，高校在体育学科上的人力、物力、财力等多方面的投入均未达到新时代教育的发展要求。同时，部分高校对体育教学的重要性和意义缺乏深刻的认识，一些教师在进行体育教学时仍沿用传统的教学方法，没有对自身的教学观念和教学手段进行更新和优化。这些问题会对当前高校体育教学的发展造成严重阻碍，不利于高校体育教学整体水平的提升。

一、创新教育理念下高校体育教学的目标和理念

1. 创新教育理念下高校体育教学的目标

基于创新教育理念，高校体育教学的基本目标应包括五个方面的内容：一是让学生掌握两种以上的体育技能，并能正确处理体育运动中出现的运动损伤；二是通过体育锻炼培养学生的团队合作意识，引导学生在体育运动中形成良好的品德，让学生学会处理与对手和队友之间的关系；三是培养学生终身体育的意识和习惯，让学生能在空闲时间自主进行体育锻炼；四是引导学生学会通过运动释放自己的压力和不良情绪，使其以更加积极向上的精神面貌面对生活中的压力；五是让学生掌握一些基本的体育健康知识，如养生保健方法等，促使学生更加关注自身健康，从而有效改善学生的体质。

2. 创新教育理念下高校体育教学的理念

高校要贯彻"以人为本"、"健康第一"和"终身教育"的理念，将健康教育和体育运动有机结合。除此之外，高校还需要优化自身的体育教学课程体系，创新教学模式和教学方法。高校体育教师在设计教学内容和教学方式时，需要根据学生的具体情况，建立一套具有针对性、有效性的运动教学体系。同时，高校体育教师应在教学过程中适当融入终

身运动的教学内容，让学生意识到体育不仅是大学中的一门课程，更是强健身体、舒展身心的有效途径。

二、创新教育理念下高校体育教学的实施原则

第一，以学生为本。教师在教学过程中，应时刻秉持以学生为本的原则，将学生放在教育的首位，促使学生充分发挥学习主体的作用。对高校体育教学来说，最主要的目标应是完善学生的知识体系，教会学生体育技能和方法，在强健学生体魄的同时，培养学生积极锻炼的习惯和团结协作、艰苦奋斗的体育精神，真正做到以学生为本，促进学生全面发展。

第二，引导启发。在我国学校课堂中，应用比较广泛的一种教学模式是引导启发式教学，这种教学模式在大学课堂中也受到了众多关注与青睐。引导启发式的教学手段能充分激发学生的创造潜能，从而达到更好的教学效果。因此，为了改进高校体育教学的方式，在创新教育理念背景下，教师应当遵循引导启发的原则，使教学内容具有足够的启发性和引导性，从而提高学生对体育运动的兴趣，帮助学生养成良好的运动习惯，形成科学的体育观念。

第三，因材施教原则。教师要增强创新方法的灵活性，提升教学方式的灵活性，这样才能从根本上提升学生对体育教学的兴趣。每个学生的成长环境、性格、能力基础等均有差异，教师需要尊重这种差异，在进行体育教学时坚持因材施教，根据学生的实际身体情况和兴趣爱好，为学生制定有针对性的教学目标和教学方案，以此提升教学效果。

三、创新教育理念下高校体育教学的提升策略

1. 更新教学观念和思想

随着新课改进程的不断深入，高校体育要紧跟时代发展的步伐，尊重学生的主体地位，在保证学生掌握课程内容的同时，培养学生的终身体育思想，引导学生全面发展；要紧跟素质教育的步伐，建立"求知创新"和"健康第一"的体育教学思想，让每一名学生都能找到适合自己的运动方式。

当前，教育体制改革的进程不断加快，传统的体育教学思想已经难以满足现代化教学模式的需求。面对这种情况，高校体育应该对以往传统的教学方法进行批判式的继承，取其精华，去其糟粕，创新教育理念，对自身的教育目标、教育内容、教育方法等多个方面进行完善和创新。

在育人观上，创新教育要求高校教学要从应试教育转变为素质教育，注重引导学生

德、智、体、美、劳全面发展；在人才质量观上，要求高校教学要引导学生学会思考，培养学生的独立性和创新能力；在教学观上，要求高校教学要将课堂的主动权从教师手中转移到学生手中，尊重学生的主体地位，让学生明白自己不是课堂教学的被动接受者，而是自主学习的探索者。

因此，在高校体育教学中，教师设置教学内容时，不能只考虑课堂教学和理论知识的传输，还要对学生的素质和能力进行培养，在促进学生发展的同时，提升体育运动在学生心中的地位。

2. 加强培养学生的终身体育意识

体育意识是一种精神活动的总和，主要包括体育意志、体育知识和体育兴趣三个方面的内容。这三个方面的内容中，每一个方面的内容都自成一派，但又互为表里，相辅相成。体育意识会对体育兴趣产生决定性的影响，体育知识会对体育兴趣产生导向作用，这三个方面的内容形成了体育教学中的闭环，在各自独立的同时又构成一个和谐的整体。

高校体育教学的主要目的是引导学生形成终身体育意识，而通过各种有效的方法提升学生的体育兴趣，是学生形成终身体育意识的关键。当前，在高校中较为有效的教学方法是"选项体育课"与"课外俱乐部"相结合。这种教学方式可以让学生按照自己的兴趣进行体育运动的选择，可有效增强大学生参与体育运动的积极性，从而提高他们的运动水平。在高校体育教学中，教师要引导学生对体育运动展开新的认识，将体育运动变成一种稳定的、不间断的行为，帮助学生形成终身体育意识。

3. 加大基础理论教学的力度

当前，高校体育教学的内容以竞技运动的理论知识为主要教学内容，关于生理方面的知识较多，而关于运动健康方面和心理方面的知识较少。这就使学生无法真正地认识到体育运动的重要性，对高校体育教学创新理念的落实造成了一定的阻碍。对此，高校应增加基础理论课和选修理论课的教学课时，同时还要积极宣传有关心理健康、健身方法、卫生保健等方面的知识，使学生对体育运动有较为全面、完整的认识，让学生明白，体育不只是大学生涯中的一门课程，更是强身健体、完善品格的有效途径。

在高校体育教学中，教师要帮助学生形成"三自能力"，即自我锻炼、自我监督、自我评价的能力。大学四年只是学生人生中一个短暂的阶段，学生不可能一直在教师的指导下进行运动。因此，教师要引导和帮助学生获得"三自能力"，让学生在离开大学校园后依旧能自主进行体育锻炼，在人生的道路上始终保持运动的习惯。

4. 创新教学方法

创新高校体育教学方法"是体育课程改革的需要，是培养创新型人才的需要，是体育教学自身规律的需要"①。高校体育教学改革要结合学校的实际发展情况来进行，高校体育教师要尊重学生的差异化特征，做到因人而异、因地制宜，在教学过程中对教学方法进行创新，利用多种技术手段开展教学，用最合理的方法向学生传递知识，训练学生的能力，发展学生的人格。教师应在强调素质教育的基础上，适当地对学生的学习水平进行一定的考核，从而详细地了解学生的基本情况，引导学生形成终身体育意识。

综上所述，体育的创新是深化体育教学改革的必由之路。"体育教学方法的创新要从教学要素整体着眼，合理编排"②，体育教学手段要能有所突破，高校教师要不断更新和完善自己的教育理念，提高自身的教学水平，让学生能在体育课堂上感受到创新精神和体育精神。高校体育教学改革创新会涉及多个方面，教学改革的深化也需要从多个角度入手。教师要根据学生的实际发展情况和学校的教学目标，建立新的高校体育教学机制。学校和教师须共同努力，提升高校体育教学的整体水平。

① 殷和江.高校体育教学方法创新策略研究——基于体育课程改革背景下［J］.黑龙江科学，2020，11（7）：108～109.
② 霍军.体育教学方法实施及创新研究［J］.北京体育大学学报，2013，36（1）：84～90.

· 22 ·

第二章 高校体育教学的创新思想

第一节 高校体育的人文教育思想

一、高校体育人文教育的本质、特性与要素

（一）高校体育人文教育的本质

要界定高校体育人文教育，就要遵循逻辑学上定义概念的方法，即邻近属概念与种差加在一起就是被定义的概念。

高校体育人文教育的上位概念是体育人文教育，而体育人文教育的本质是以人文关怀为导向的体育文化教育，因此，高校体育人文教育邻近属概念是符合高教性的体育文化。

高校体育人文教育的种差，是指在高等教育中体育人文教育与其他学科人文教育的差别，即高校体育的文化内涵和人文精神。

综上所述，高校体育人文教育是以人文关怀为导向，经过规范设计的高校体育文化为载体，濡化体育的文化内涵和人文精神，以潜移默化、润物无声的方式影响学生，促进学生体育文化素养的形成和自由全面发展为目的的体育文化教育。

人文教育的认识可以归纳为如下六个要点。

第一，人文教育是"以人为本"的教育，是在科学完整地认识人的基础上，在价值上尊重人的主体地位和独立人格，在实践中以人的自由全面发展为终极目的的教育。

第二，人文教育的本质是理想的人的教育和人性的教化，即促进受教育者理想人格的塑造，人性境界的提升。

第三，人文教育的核心思想是文化育人。

第四，人文教育的内容有人文知识、人文精神、人文方法和人文思想，核心是人文精神。

第五，人文教育的途径是广博的文化知识滋养、高雅的文化氛围陶冶、优秀的文化传统熏染和深刻的人生实践体验等。

第六，人文教育的机理是个体的自我心灵觉醒、人性境界提升的内在生长的过程，是一个知行统一的过程。

综上所述，人文教育是体育教育原本就有的育人成分，体育教育是开展人文教育的一个重要内容，同时体育教育的发展需要人文教育。体育人文教育既具有体育教育的特性，同时也具有人文教育的特性，其本质规定性是文化育人。其中，人是其中心，文化是质的规定，体育则是其外在的表现方式之一。所以，体育人文教育的本质就是体育文化教育，进一步可以解释为体育文化"育人"教育。

（二）高校体育人文教育的特性

高校体育人文教育的特性，是高校体育人文教育的本质属性，即事物本身所具有的固有属性，能与其他事物区别开来的属性。从其本质上分析，不难推演出其人文性、隐蔽性、濡化性、高等性、多样性、持续性和依附性特征。

1. 人文性

高校体育人文教育的"人文性"体现在两个方面：一是"以人为本"，强调在完整地认识人的基础上，尊重人的主体价值和独立人格，维护人的健康权利，关怀人的生命、生存和生活的意义，满足人的发展需要，实现人的价值；二是在实践中全面塑造人，强调对人的身体自然的改造、社会过程的促进、人格的塑造和对人内心精神世界的引导。一所高校的体育场地设施，校园体育活动的开展，以及体育组织管理行为等只有蕴含人文性，才能成为体育人文教育"育人"的载体，而非简单的物质资料抑或有形无神的体育活动，以及僵硬冰冷的管理制度。

2. 隐蔽性

高校体育人文教育本身就是一种隐蔽课程，是以人文关怀为导向，通过规范设计高校体育文化，折射体育本身所蕴含的哲学、艺术、历史和文学知识，以及体育理念、体育精神、体育道德和体育规范等体育的文化内涵和人文精神来实现的体育文化教育。其主要是以内隐方式，通过无意识、非特定的心理反应机制对学生产生影响。这种育人方式远比自上而下的灌输、说教有效，如一所高校的一座体育人物雕塑、一句体育口号、一个优秀的体育传统，往往能起到"不言自明"的教育效果。

3. 濡化性

濡化是部分有意识、部分无意识的潜在的、漫长的文化化人过程。高校体育人文教育的实质是以人文关怀为导向的体育文化教育，它对学生的教育作用不是强行灌输的，而是通过撷取体育文化中的精华，并将其贯穿在高校体育文化化人过程的一切方面，在精神层面、物质层面、制度层面和行为层面形成文化之网，使学生在文化化人的情境中以暗示、模仿、从众和感染的方式，不知不觉、持续不断地接受刺激，获得适应的过程。这个过程不带任何逆反性，也不会产生任何强迫感，学生是通过亲身体验或是耳濡目染，直接获取经验的，是自觉自愿的。

4. 高等性

高校体育与中小学体育不同，主要体现的是其高等教育性。大学生具有较高的知识、素养和能力，高校校园是他们独立生活的空间，高校体育是他们生活中不可或缺的组成部分，作为现在或未来高层次的专门人才，他们不再满足增强体质、增进健康的基本需要，而是希望能通过体育与社会接轨，获得社会性的发展、人格和心理的完善、素质和能力的提升，这就决定了高校体育文化建设要突出高层次、高品位的特征，如具有厚重历史文化、充满时代与艺术气息的体育场馆建设；高水平、高素养的体育师资队伍建设；彰显时尚、高雅与艺术的网球、体育舞蹈、瑜伽、户外运动等项目的选修课、俱乐部建设；内容丰富、形式多样的校园体育文化活动等，这能为大学生养成良好的生活方式，提高生活质量提供有利的条件。

5. 多样性

从高校体育人文教育内容来看，不仅包括与体育有关的政治、经济、教育、科技、军事等方面的知识，还包括体育中蕴含的哲学、艺术、历史和文学知识，以及体育理念、体育精神、体育道德和体育规范等，其依附的载体涉及与体育有关的方方面面，如体育场地设施、体育口号、体育管理制度、体育教师行为、体育传统与风气等都可能成为施教的载体，范围广泛，形式多样，从一切可能的渠道影响学生。

6. 持续性

高校体育人文教育的持续性主要体现在两个方面：一方面，体育文化教育环境的建设，不是一朝一夕就能达到的，要坚持长期性，以文化育人为根本，不断地去发现问题、解决问题，完善育人环境，才能更好地为学生服务；另一方面，体育人文教育对学生的影响是持续的，在体育文化教育环境的熏陶下，学生的学习是无意识的、自觉自愿的，这样往往会形成某些稳定的个性心理特征。一所高校的体育传统与风气对学生的心理和行为会产生重大影响，形成与该高校体育理念相一致的体育价值观、体育精神和体育道德，并有可能长期保持下去，持久地伴随人的一生。因此，应把当前利益与长远利益相结合，从点滴做起，扎扎实实，日积月累地来建设高校体育文化教育环境。

7. 依附性

高校体育人文教育是借助高校体育文化这个载体传递人文教育思想，濡化体育的文化内涵和人文精神，发挥其教育功能的。高校体育文化是人文教育内容依附的载体，体育人文教育内容一旦离开了这个客观的载体，就会失去它的价值和意义。这就是常说的"寓教于文、寓教于体"之意所在。

（三）高校体育人文教育的要素

1. 高校体育精神文化教育要素

高校体育精神文化是高校在一定的社会历史条件下，为了实现教育目标，在长期的高校体育教学实践中逐渐积淀、整合、提炼出来的，能反映高校成员共同的价值观和信念的意识形态。它是内隐的，有时候它们诉诸文字，有时候它们只是人们的共识，以物质形态、管理制度、行为方式体现和表达，弥漫在高校校园中，以其所特有的最积极的教育因素，引导、影响、鼓舞着每一个新成员的心理和行为方式。

高校体育精神文化教育要素归纳为：①高校体育理念，包括高校体育使命观、高校体育育人观和高校体育发展观；②高校体育精神，如爱国主义精神、公平竞争精神、团队协作精神、拼搏进取精神和人文体育精神等；③高校体育道德，如集体观念、公平竞争、民主平等、责任感、组织纪律、民族情怀等。

2. 高校体育物质文化教育要素

高校体育物质文化是指高校在体育教学实践过程中所创造的各种物质设施，但并不是泛指高校范围内的一切物质资料，而是指那些能记载高校的发展历程、体现高校的精神和品位，诉说高校的教育理念、审美情趣和价值追求，传播先进体育文化资讯，以及彰显高校文化特色的体育物质设施。

高校体育物质文化教育要素归纳为：①体育场地设施，包括体育场馆、体育器材和自然环境；②体育标志物，包括体育吉祥物、昵称、体育标志、体育标准色、体育雕塑、体育建筑物、体育名人名言和体育口号；③体育文化宣传媒介，包括校园网络、校园广播、体育音像制品、体育报纸杂志、体育图书、校报和体育宣传栏。

3. 高校体育制度文化教育要素

高校体育制度文化是高校在长期的体育教学实践活动中形成的一种规范性文化，它既包括高校成员共同遵守、按照一定程序办事的体育规章制度，也包括高校体育在长期发展过程中所形成的体育传统与风气。其教育要素并不是那些通过制度本身的强制性来规范、约束，甚至是左右人的行为的冰冷的、僵化的文本，而是能充分发挥制度的引导、激励、教育作用的管理方式、运行机制和良好的传统与风气。

高校体育制度文化教育要素可归纳为：①体育组织机构，包括运行机制、管理方式；

②体育管理制度，包括体育课程教学管理制度、体育社团管理制度、日常体育锻炼管理制度、校园体育活动管理制度和体育训练与竞赛管理制度；③体育传统与风气。

4. 高校体育行为文化教育要素

高校体育行为文化是高校成员在体育教学实践活动中所表现出来的精神状态、行为操守和文化品位。它是高校的体育理念、体育精神和体育道德的动态体现，是促进体育传统与风气形成的关键，有助于良好校风和学风的建设，对学生好比无声之教，影响迅速、有效和深刻。

高校体育行为文化教育要素归纳为：①体育课，包括体育课程内容、体育课程设置、体育课程建设与资源开发、体育课程评价；②体育教学，包括教师仪态、教学方式和课堂管理；③校园体育活动，包括体育社团活动、体育文化节和课余体育竞赛活动。

二、高校体育人文教育价值与目标

（一）高校体育人文教育的价值

高校体育人文教育价值是对高校体育人文教育本真意义的追求，它既是关于高校体育人文教育问题的最基本的观点，也决定了高校体育人文教育目的的认识、目标的确立、功能的选择和教育活动的实施与评估。

1. 满足学生合理需求，促进学生体育行为自由与自觉

体育是人的一种独特的实践活动，体育的存在、发展与人的存在、发展密不可分，理解体育，需要先理解人，人需要什么样的体育，体育能给予人什么，这是体育改革与发展的根本动力。

随着改革开放以来所取得的巨大社会经济成就以及全球经济文化一体化的国际化大环境的变化，我国的社会发展观念、发展目标，人的观念、意识、心态、需要等都发生了重大的变化，即形成了一种关注人、尊重人和塑造人的人学思潮，并不断促使人们树立"人"的观念，自觉把握人自身的命运，促进人的解放、人的发展和塑造。人已成为社会发展理论的一个核心概念，人已成为时代的主题。站在存在论的立场上，体育就是"人"的引出。体育只有忠实于人的生命存在，只有从人类的这种本性出发，才会是健全的、进步的和生机勃勃的。因此，体育应以尊重生命、珍惜生命的价值为底线，注重对人的本体价值的开发，所有体育的其他价值都奠基于这一点之上。

实际上，成功的体育肯定是以对人的尊重为前提的。体育作为一种社会文化现象，其本质必须奠基于对"人"的本质理解之上才能得到说明。体育的重要任务就是否定业已存

在的对人的生命活动的文化意向已经成为阻碍和束缚的特例、教条与框框，凸显以人为本、以人为中心、以人为目的的人本主义理论，注重对人性的认知与掌握人性特点，尊重人权、崇尚人权，坚持人道。

高校体育人文教育是基于体育与人的本质关系的认识提出来的，它的出发点是人，最终的归宿也是人，即在理论上科学完整地认识人，在价值上尊重人，在实践中全面地塑造人，使体育真正成为促进人的自由全面发展的有效途径。它强调突出学生主体地位，关怀学生生命价值，满足学生合理需要，注重学生健康引导，促进学生身心和谐发展，为学生提供自主学习情境，以激发学生的自主性、能动性和创造性，发挥学生的主体作用，使学生在体育人文教育的情境中不仅可以释放自由、娱乐身心，提高健康水平，而且还能懂得人与人之间的理解、关怀、尊重、团结和友爱，以及最大限度地开发自己的潜能，充分实现自我发展和自我完善。

2. 促进学生身体、心理和社会适应的协调发展

体育具有人为性，体育的"人为"不是为了其他，而是为了"为人"。其"人为"的体育是"为人"服务的。不同历史阶段的人因对体育有着不同的需要而产生不同的理解，从体育的起源来看，体育源于劳动、军事或是游戏，充分表达了不同历史阶段体育与人的需求的紧密关联，以及人们对体育的认知水平，同时也说明了体育是伴随着人的发展需要而成为人类社会发展阶段的产物。

现阶段，人需要体育，如大学生对体育的需要不仅是要增强体质，还需要通过体育达到健身、健美、健心、娱乐、社交和健全人格的目的。所以，体育作为当代人生活中不可或缺的一部分，它对人不仅是增强体质、增进健康的工具意义，而且还具有健全人格、促进社会适应的教育意义，是促进个体全面发展的有效途径。

关于人的全面发展，始终包含着德、智、体、美、劳诸方面发展的统一，是主体的最终展现，就个体而言，它包含着相互联系、辩证统一的三个方面，即身体发展、心理发展和社会适应，只有三者协调发展，才能真正实现促进人的全面发展。因为人是自然属性、精神属性和社会属性三位一体的化身，时时刻刻具有自然、精神和社会的三种不同的需要，所以，体育要真正全面地实现它在满足人的需要上的全面价值，就必须不断地满足人们在自然、精神和社会等方面的需要。

高校体育人文教育是基于对人的本质的理解和认识，立足人对体育的需求和体育本身的育人功能基础上提出来的，它强调对学生身体自然地利用和改造的同时注重对学生人格塑造、内心精神世界的引导和思想品质的教化，以及社会化过程的促进，即要实现体育对促进学生身体、心理与社会适应协调发展的价值。

首先，高校体育人文教育强调通过组织形式多样、内容丰富的体育活动，吸引学生积极参与到体育锻炼、训练、竞赛等活动中，满足学生增强体质、塑造形体、提高生理机能和运动能力的需要，进而促进学生的身体健康。身体健康是心理健康和社会适应的基石，一般来讲，身体健康者，往往精力充沛、乐观自信、热情开朗、心理承受能力强，而身体衰弱者，往往出现精神萎靡不振，情绪悲观、敏感、易激动、冷漠、自卑，心理承受能力较低的情况。促进学生的身体健康是体育教学特性之所在，也是高校体育人文教育的首要价值。

其次，高校体育人文教育强调通过体验和感悟体育精神，弘扬体育道德来引导学生的内心精神世界和思想品质，促进学生的心理健康。高校体育人文教育是弘扬体育精神的沃土，在设计与实施过程中有意识地将其融入每一个可能成为育人的教育元素之中，以弘扬拼搏奋斗、刚毅执着、顽强抗争、奉献上进、挑战征服、冒险探索的英雄主义精神；自由民主、开放参与、诚实守信、创新进取、科学效率的公平竞争精神；协作互助、团结友爱、尽心尽力的团队精神，来培养学生乐观开朗、交往乐群、坚毅顽强、勇敢果断、竞争拼搏、坚定自信、沉着冷静、吃苦耐劳的良好心理品质，引导学生保持积极、健康向上的心理状态。

最后，高校体育人文教育强调通过营造体育文化活动氛围为学生提供一个社会交往、角色适应的平台，促进学生社会化。大学生的社会适应能力是其综合素质和能力的表征，高校体育人文教育对促进学生的这方面素质和能力的提升具有重要作用。良好的高校体育文化活动氛围，会积极传播科学的、先进的、健康的体育思想，促进体育的物质和精神文化沿着有利于社会、人的进步和健康的方向发展，要求学生"崇尚科学、开拓创新、健康向上、公平竞争、民主平等"等。通过一定的体育思想和法规教育，对学生遵守规范的思想和行为，以及公平参与意识和积极健康生活方式的形成会产生重要的作用。

良好的高校体育文化活动氛围，是学校师生共创和认同的价值观念，具有无形的凝聚力和感召力，在这种氛围的熏染下，学生会认识并体验到彼此具有共同的理想追求、价值观念、道德情操和行为规范，可以使他们产生强烈的集体归属感、责任感和荣誉感。

良好的高校体育文化活动氛围，会吸引学生积极组织或参与体育活动，与形形色色的人打交道，处理可能在运动场上发生的各种问题，不但能拓展学生的交往空间，而且能拉近学生之间的距离，有利于培养大学生的交际能力。

良好的高校体育文化活动氛围，会给大学生提供一个角色扮演的舞台和充分展现自我的机会，如体育教学中学生的角色、体育比赛中运动员的角色或裁判员的角色、体育活动组织管理者的角色、集体运动项目中不同位置的角色扮演，在每一个角色扮演过程中都要遵守相应的规则以及群体的规范，履行自己的职责和义务，通过这个过程，大学生会内化这些规范而形成一种心理特质，并延伸到社会实践中，敢于担当责任，行使相应的权利和履行相应的义务。

3. 完善体育教学理论，提高体育教学完整性与系统性

体育作为教育的组成部分，首要的任务就是满足人和社会的发展需要，促进人与社会协调发展，然而人与社会的发展需要是动态变化的，所以体育绝不能一成不变地保持原有的状态，它必须以人与社会发展的需要为导向，才能获得健康、可持续的发展。

从人与社会协调发展的需要来看，市场经济带来了丰富物质产品的同时，也带来了一系列的社会问题，再加上当今世界范围内科学与人文的有机融合已成为教育发展的趋势与潮流。在这样的社会与教育背景下，就体育本身而言，要真正成为高校之教育，就不仅是通过身体活动传授有形的知识、训练技艺、增强体质的科学教育，它还包括无形的体育理念、体育精神、体育道德和体育规范等方面的体育文化内涵对人的道德、审美、心智和人性等的人文教育。高校体育人文教育是基于人与社会发展的需要，结合体育自身的特点提出来的，它并不是对传统体育教学的颠覆，而是一种十分必要的补充和完善。

首先，高校体育人文教育是科学与人文有机融合的教育。科学与人文的研究对象不同，科学研究"物性"，而人文研究"人性"。科学与人文的功用不同，科学相当于一个"为学"的过程，人文则是一个"为道"的过程。因此，科学教育与人文教育二者不可偏废，倘若一方有所缺失，那么教育势必会受到限制。就高校体育而言亦是如此，人文教育是体育原本就有的育人成分，也是体育作为教育的组成部分应该体现的一种特有的育人价值，如果偏重于科学教育，那么高校体育就会徘徊于一门体育技术课程或几项身体机能运动等教育的怪圈之中，只有融入人文教育，体育才能真正成为高校之教育，发挥其育人的本质功能，有效地促进人的全面发展。

其次，高校体育人文教育是课上与课下相结合的教育。就大学生而言，他们对体育的需要是多元的，包括增强体质、健身、健心、休闲、娱乐、社交和健全人格等，如果仅仅依赖体育课程教学这种单一的体育组织形式，是无法满足学生多元化的体育需要的，因此需要与课下（课外）体育活动相结合，除了鼓励学生自发地组建体育社团或俱乐部，开展形式多样、内容丰富的体育竞赛活动以外，学校也要定期组织开展体育文化节、体育知识讲座、校运动会，以及校际体育比赛等活动，满足大学生多元化的体育需要。

最后，高校体育人文教育是显性与隐性相结合的教育。外显学习是人们所熟悉的有目的、有意识的学习过程，而内隐学习中主体在学习过程中缺乏清晰的意识，是无意识地获得关于外界环境刺激的复杂指导的过程。通常情况下，从人的认知过程来看，外显学习偏重于智力因素的培养，如记忆力、观察力、思维能力、注意力、想象力等方面，而内隐学

习偏重于非智力因素的培养，如需要、兴趣、动机、情感、意志、性格等方面。在人的认知过程中，非智力因素对智力因素的发展有着直接抑制的作用。高校体育人文教育强调不但要通过有形的、多样化的体育组织形式来发展学生的智力因素，还要通过体育物质环境、体育教师行为、体育文化活动氛围和学校体育传统等内隐的、间接的文化因素来影响学生，促进学生内隐学习，发展学生的非智力因素。

综上所述，高校体育人文教育是科学与人文有机融合、课上与课下相结合、显性与隐性相结合的教育，它进一步地完善了体育教学理论，提高了体育教学的完整性和系统性。

4. 有利于高校文化的传承和创新

高校体育人文教育的实质是以人文关怀为导向的体育文化教育，"人文"是一种渗透在整个教育过程中的理念，而真正的教育内容是高校体育文化。从文化的角度来看，高校体育文化是指高校体育系统中包含或体现的文化因素，也指高校文化系统在体育方面的亚文化，包括高校体育的精神文化、物质文化、制度文化和行为文化。它是高校文化建设的重要载体，两者是一种共生互动的关系，高校文化作为母体，孕育、完善高校体育，高校体育作为载体，展示、丰富高校文化。高校体育文化对高校文化的传承与创新具有重要的作用和价值，具体体现在以下两个方面。

一方面，体育作为高校教育的组成部分，伴随高校产生并发展，是传承高校文化的重要载体之一。体育能有效地传承高校的办学理念，优秀的体育传统是一所高校重要的历史积淀，有利于高校形象与声誉的塑造。

另一方面，就体育自身而言，它既是人类社会发展到不同阶段的产物，同时也是发展到某一阶段的一种社会文化形态，是社会的一个缩影。因而，高校体育文化既隶属于高校文化，也隶属于体育文化和社会文化，它是一个开放、动态的系统，它的演变会随着体育文化和社会文化的发展变化而变化，在不同的发展阶段呈现出不同的特征，这会有力地刺激高校文化的创新。体育丰富了高校校园文化的内容，开阔了人的视野，培养了人的能力，如体育社团活动、体育文化节、日常体育锻炼、体育训练与竞赛等，都能很好地丰富和展现高校文化。

体育为高校开展对外交流提供了一个平台，如参加校际体育比赛或是其他形式的体育比赛是一所高校展示和交流自身特色文化，以及借鉴和吸收先进文化的一个重要平台。高校体育能促进高校文化的先进性，体育是当今社会最受人们关注的焦点之一，不仅是因为受奥林匹克运动的影响，更重要的是它与政治、经济、文化、教育、军事和科技有着紧密的联系，而高校体育架起了高校组织与社会发展的一座桥梁，通过体育获取社会的最新资讯，不断刺激着高校教育的改革与创新。

（二）高校体育人文教育的目标

高校体育人文教育的价值是其内部特性的反映，是高校体育人文教育实施后所要达到的最终目的，其价值的实现，实际上是以高校体育人文教育目标为具体载体的，高校体育人文教育目标是高校体育人文教育价值实现的具体化。高校体育人文教育目标的确定，不但要以高校体育人文教育价值为导向，还要充分考虑社会、教育、体育和学生等主体发展的需要，以及现阶段我国经济发展水平和高等教育现状等要素。高校体育人文教育是"文化育人"的教育，它的教育目标应该包括客体"高校体育文化"和主体"大学生"两个方面，前者是"育人"的手段和内容，后者是"育人"的结果，所以可将其目标划分为"育人"内容目标和"育人"终极目标。

1. 内容目标

高校体育人文教育内容的载体是高校体育文化，因此，高校体育文化建设目标就是高校体育人文教育"育人"内容目标，它是实现高校体育人文教育终极目标的手段和途径，是以高校体育精神文化为导向，建设高校体育的物质文化、制度文化和行为文化，濡化优秀体育文化内涵和体育人文精神，以提升高校体育文化品位，推行人本体育管理制度，营造体育人文氛围，实现"文化育人"为核心的目标。

2. 终极目标

高校体育人文教育"育人"的终极目标是提升大学生的体育文化素养，进而促进大学生自由全面发展。其中，提升体育文化素养是高校体育人文教育目标的本质体现，促进自由而全面发展是高校体育人文教育目标的最终追求。

大学生体育文化素养是指大学生通过体育教学获得的体育知识、运动技能、运动素质、健康体适能的同时形成的参与体育意识、养成体育锻炼习惯、树立良好体育价值观念、内化体育道德和体育精神、提升社会适应能力等综合素质的总和。

大学生自由而全面发展，是指大学生通过体育人文教育获得自由的、全面的、充分的、和谐的发展。人的自由而全面发展，通常用自由、全面、充分、和谐四个维度来衡量：①自由尺度，即"人的自由发展"，是指人根据自己的兴趣和爱好，积极主动地发展自己的各方面的能力，它着重强调人的发展的主观状态；②全面尺度，即"人的全面发展"，是指人的体力、智力、品质、个性及其他各方面的能力综合、协调发展；③充分尺度，即"人的充分发展"，是指人的潜质、潜能、个性、现实关系等各方面的能力和关系得到最大可能的发展；④和谐尺度，即"人的和谐发展"，是指人在人与自然、人与社会、人与人及个人内在性的各个方面的和谐关系中的发展。

体育文化素养和自由全面发展是过程和结果的关系。体育文化素养的提升是促进自由全面发展的前提条件，是高校体育人文教育目标的本质体现。自由而全面发展，贯穿高校体育人文教育的始终，引导大学生体育文化素养养成的全过程，是高校体育人文教育目标的最终追求。

三、高校体育人文教育的设计原则

高校体育人文教育设计是实现高校体育人文教育目标的关键，如果没有内容的合理设计，高校体育人文教育就只能停留在观念层面上难以实施。

高校体育人文教育设计的原则，是为实现其教育的价值与目标，遵循其教育过程的规律和原理，在设计其要素时必须遵循的基本要求。

1. 导向性

高校体育文化是指高校体育系统中包含或体现的文化因素，也指高校文化系统在体育方面的亚文化。它是高校文化建设的重要组成部分，两者是一种共生互动的关系。高校文化作为母体，孕育、完善高校体育，高校体育作为载体，展示、丰富高校文化。只有植根于高校文化建设的高校体育实践才会真正成为高校文化的组成部分，才能成为高校自身发展的内在需要，也就是说，只有能主动承载高校使命，彰显高校精神与丰富高校文化的高校体育实践才能持久地成为高校文化建设的一分子，才有持续发展的绵绵动力。所以，高校体育人文教育要素设计要以高校文化为导向，主动承载高校育人的使命，彰显高校精神，继承和创新高校文化。

2. 全方位育人

高校体育人文教育要实现"文化育人"的核心目标，就要从全方位育人的视角出发，全面地考虑高校体育文化建设中的每一个可能体现人文和教育的元素，无论体育课上课下、高校体育的历史与现实、高校体育的每一幢建筑每一座雕塑每一个布局每一则资讯、高校体育的每一个运行机制每一项管理制度、高校校园中的每一项体育活动、高校成员的体育行为等都应该渗透着独特的体育文化内涵和浓厚的体育人文精神，这样才能形成高校体育"文化育人"之网，使学生不知不觉地在熏陶和感染中，提升体育文化素养，促进自由全面发展。

3. 人性化

高校体育人文教育的出发点是人，最终的归宿还是人，因此，在进行高校体育人文教育内容设计时要遵循人性化的原则，充分考虑学生的身心发展特点、生长发育规律、多元化体育需求、个体差异，以及学生现有的水平和文化背景等要素，通过设置多样化的体育课程内容、改变技术动作难易程度、场地器材改造与布局、开展丰富多彩的校园体育活动、建设人性化的体育组织与管理制度等方式方法，突出学生主体地位，促进学生主体体育行为的自主、自觉和自治。

4. 开放性

21 世纪的今天，高等教育社会化、国际化的程度不断提高，开放、交流是保持和发展主流文化生命力的源泉。高校体育人文教育本身就是一种生成性教育，其教育内容的设计不能单一地依靠某个人或是某个组织，应遵循开放性原则，借鉴吸收国内外高校体育文化建设的先进经验，参考来自专家、学者的科研成果，以及鼓励来自一线的全校师生积极主动提出意见和建议，然后结合本校实际情况，进行过滤和选择，取其精华，去其糟粕，形成富有个性的高校体育文化育人系统。

5. 生态化

生态化是一个动态的、开放的、具有组织功能的复杂系统，系统里每个生态因子之间保持着相互依赖、相互促进的关系，超越了机械论而转向整体性、系统性、动态性的世界观，已成为一种理念、思维方式和方法论体系，广泛应用于教育领域，为教育系统的改革与发展提供了一种新视角、新思路。高校体育人文教育内容设计应遵循生态化原则，合理地配置教育资源，优化组织结构，通过协调高校体育人文教育的内容要素、价值主体和高校内外部环境因素的共生和发展，建立一种育人为本而又自然、和谐、开放的新型教育发展模式，使人与自然、社会的发展和谐统一。

6. 科学文化与人文文化融合

科学文化以物为尺度，推崇工具理性至上，往往借助逻辑的、数学的和实验的理性手段，追求真实，简而言之，主要就是"是什么"。人文文化以人为中心，推崇价值理性，更多地运用心灵去感悟、领会，追求美好，简而言之，主要就是"应该是什么"。从整体上看，两者是辩证统一的，科学应以人文为导向，人文应以科学为基础。在高校体育文化教育要素设计时，应充分考虑两者的有机融合，彼此渗透，相互影响，如依靠科学技术创造的物质设施应依赖人文文化，即物质设施的建设要满足人和社会发展的需要。同时，人文文化的发展要以科学为基础，即符合人和事物发展的客观规律。以崇高的科学精神为指导"求真"，以崇高的人文精神为指导"求善"，在求真、求善的过程中，实现"臻美"的追求，达到真、善、美的高度统一。

7. 人的发展与社会的发展统一

人的发展与社会的发展密切相关。社会发展以人的发展为核心，人的发展离不开社会的发展。社会发展的最终目的是使人本身获得全面发展。高校体育人文教育中的"人"既是个体的人，也是社会集体中的人，其教育要素的设计要遵循人的发展与社会的发展统一的原则，不能无限放大人的发展因素，而在体育教学中把人的利益、个性、自由、兴趣和需要等提升到不恰当的高度，走向人本位的极端，应该注重人的发展的同时，强调组织或是集体对个人的要求，强调体育作为手段或是工具对人的组织纪律观念、集体观念、爱国热情和民族情怀的培养，这样的高校体育才能真正成为促进人的自由而全面发展的有效途径。

四、高校体育人文教育的实施

高校体育人文教育的实施是能否实现其教育价值与目标的关键，其中实施工作通常要比设计工作的贡献更大，要在高校有效地实施体育人文教育，就必须遵循一定的原则，采取适当措施，以避免在实施的过程中出现较大的随意性，难以控制。

（一）高校体育人文教育实施的原则

高校体育人文教育实施的原则是在其教育实践过程中应遵循的基本要求，依据高校体育人文教育的基本理论和实践经验，归纳如下。

1. 主体性与可行性

学生是教育的对象，全面提高学生的体育文化素养，促进学生自由全面发展是体育人文教育的终极目的。我们应该清楚地认识到在这个过程中，学生是学习的主人，学生的学习应该是积极主动而不是被动的，要充分发挥学生的主体作用，就应该放手让他们参与人文体育文化教育要素的建设和组织管理，调动他们的主动性和积极性，发挥他们的潜能和创造力，才能保证实施的顺利进行。

可行性是实践得以进行的前提，高校体育人文教育实施之前，需要认真考究相关要素：①对相关工作人员的素质能力进行考核，确保其能扮演好所在岗位的角色；②组织与管理变革的程度，能否为广大师生所接受和认可；③大部分师生所持的体育价值观和体育态度情况；④目前的体育物质条件能否满足实施的要求；⑤体育文化教育要素建设目标是否与体育课程目标一致或是其有益的补充；⑥改革和引入的体育文化教育要素内容与旧有的体育文化之间的过渡与融合；⑦是否有一套清晰明确的奖励办法、监督机制和保障措施。

2. 共性文化与个性文化相结合

高校体育人文教育的实施要坚持共性文化与个性文化相结合原则，一方面要遵循高校作为社会组织的一个单元的普遍性要求，即在与社会的互动关系中，要受社会发展阶段、政治经济发展水平、教育政策、社会思潮等种种因素的影响和制约，需要了解和遵循人类文化发展的普遍意义和规律；另一方面要遵循高校作为个体的特殊性要求，即每所高校由于自身定位、价值取向、学科结构、历史和传统并不完全相同，所以，每所高校包括体育文化在内的高校文化教育要素，都应该根据自身的特点，而表现出鲜明的个性和特色。

因此，高校要有效地实施体育人文教育就需要兼顾现代高校与社会互动的共性要求的同时，还要突出、发挥和发展高校长期发展过程中所积淀的个性和特色，既要与时俱进，准确定位，也要认清自身发展的优势所在，保持个性，不追风，不趋同，办出特色，办出水平。

3. "硬件"文化与"软件"文化相融合

高校体育的场地设施、标志物、宣传媒介、师资队伍、社团和校园体育活动等是"硬件"，而高校的体育理念、体育精神、体育道德、体育传统与风气和管理制度是"软件"。"硬件"建设是"软件"建设的基础，"软件"建设是"硬件"建设的条件。在高校体育人文教育实施过程中，如果"硬件"没有得到很好的建设，那么"软件"建设就失去了载体，停留在形而上的层面上只是空谈，同样，如果"软件"建设脱离"硬件"，那么"硬件"设施也就成了一种摆设，充其量只是高校校园的一道风景而已，无法传播先进的体育文化，也就难以实现体育人文教育的价值，所以只有两者协调地发展，才能有效地实施体育人文教育。

4. 整体规划与分步实施相结合

高校体育人文教育实施是一个系统工程，既要进行统筹规划，科学合理地确定其教育要素建设的目标、内容、布局、步骤、资源配置、组织机构和管理制度等，又要结合高校实际，根据高校体育的具体条件，按照质量、速度、效益相统一的原则，突出重点，分步实施，坚持体育的精神文化、物质文化、制度文化和行为文化的各教育要素系统协调发展的原则，逐步建立和完善高校体育人文教育运行机制，使其外化于行、内化于心、固化于制，在实践中不断推进和完善。

5. 理论指导与实践反馈相结合

理论与实践向来是一对矛盾的统一体，用理论来指导实践，发现实践中存在的问题，用实践来检验理论，进一步完善理论。高校体育人文教育理论为其实施提供了明确的方向、标准和依据，然而在将设计好的计划付诸实践的过程中，总会碰到预先没有考虑到的情况或是由于理论不完善而导致实践的误区，需要及时做出调整。因此，高校体育人文教育实施的过程中应坚持理论指导与实践反馈相结合的原则，不断评估、反思和总结，从理论到实践，再从实践中凝练理论，以更好地指导实践。

6. 继承传统与发展创新相结合

高校体育人文教育的实施要坚持继承传统与发展创新相结合原则，一方面要从高校实际出发，深入研究体育的发展历史，认真总结体育的传统、精神、特色，提炼符合高校文化的体育价值观和体育精神，培育、弘扬体育传统与风气；另一方面要加强对外的体育交流与合作，增强高校体育文化自身的丰富性、包容性和开放性，不断培育和突出高校体育文化育人的特色和亮点。两者应该平衡与协调发展，不能偏执任何一方，否则就违背了体育人文教育的初衷。

（二）高校体育人文教育实施的方略

实施方略是高校体育人文教育实施过程中的方式方法，具体包括主抓人文元素、应用文化资源、创造人文氛围和依靠制度导向。

1. 主抓人文元素

高校体育作为一门必修课程和各项体育活动，既是教育的一种实施方式，也是在校大学生展开学校生活、认识世界、体验生活、了解自己、提高自己的载体，更是学校教育与社会现实生活联系的中介。合理、科学的人文元素渗透或融合于高校体育中则是实施人文教育的核心，它要求高校教育者乃至体育教师根据在校大学生的兴趣和需要，不仅要从系统的人文通识课程，由心理与教育、历史与文化、社会与伦理、哲学与思维基本类型组成的人文知识生态结构体系，以及从"心理、知理、伦理、艺理、哲理"层面构建的人文素质教育知识生态核心课程及拓展课程中，甚至要从由体育精神文化、体育物质文化、体育制度文化和体育行为文化要素构成的整体的高校体育文化中准确地抓住或选取与之相关的人文元素。例如，高校体育精神文化教育要素应以人文关怀为导向，结合高校体育发展的实际情况，定位高校体育理念、凝练高校体育精神和彰显高校体育道德风貌，引领高校体育发展的方向。

其中，高校体育精神文化是核心，高校体育物质文化是基础，高校体育制度文化是保障，高校体育行为文化是表现形式，体育物质文化、体育制度文化和体育行为文化唯有通过体育精神文化的外化，才能折射出高校体育特有的文化底蕴和独特人文魅力，以潜移默化、润物无声的方式教化人、感染人、陶冶人、引导人，并通过完善和提升在校大学生的价值取向、人格品质、思想情操等予以实现"文化化人"的目标，以便使之在整个体育教学实践中充分地体现人文元素得以运用的系统性和个性化。

2. 应用文化资源

高校体育人文教育还要充分地利用有利于在校大学生人文素质提升的一切优势文化资

源，如高校所在地体育历史名人、体育文化事件、体育文明成果、体育优良传统、体育优美故事等都可以成为高校体育教学的上佳教育元素。

高校开发和利用体育文化资源的前提和形式多种多样：首先，可将本地体育文化素材编写成乡土教材和校本教材作为体育课程教材的补充；其次，依靠本校体育教师扩大课程资源的识别范围、提高课程资源的利用程度，使之鉴别、开发、积累和利用具有独创性、特色性的体育课程资源；最后，基于新课程要求教育者转变"课程即教材""课程即学科"传统观念的这一实际，要求高校体育教师和在校大学生在教学实践情境中共同创造和开发课程实施过程。

高校开发与利用本地体育文化资源必须坚持集体性原则、地域性原则和优先性原则。进行有意义的选择，则是开发与利用本地体育文化资源的关键，比如：①从参与体育运动形式、选用锻炼手段着手调查在校大学生对体育运动项目的兴趣分类；②创造性地开发和使用体育器材、体育场地并制定参考性的运动处方、经典案例；③建立良好的课外体育活动机制，及时总结和反思学校体育事件发生过程；④广泛利用校内外场馆资源并积极发挥网络资源的作用和优势。

高校善于依靠本校的知识优势和人才优势予以开发、改造、提炼当地既有文化资源中具有人文内涵的精神养料，可以使之成为当代在校大学生的重要精神食粮。利用高校所在地体育文化资源施以人文教育，既容易获得在校大学生的文化认同又便于引发其内心情感体验，所以无论体育文化名人还是著名体育历史事件，虽然时间相隔久远、但因毕竟发生在自己脚下同一方土地之上而具有莫大的亲和性和可追性。

3. 创造人文氛围

高校体育人文教育实施的目的在于提升大学生的体育文化素养，促进大学生自由全面发展，所以，高校必须营造一种和谐的人文教育氛围，既要继续强化体育课程文化教育，也要大力促进高校充满浓厚人文氛围的校园文化建设。

高校校园文化建设作为在校大学生人文教育的土壤、载体必须被足够重视，因为课堂不是唯一的，唯有从教室及运动场馆到校园的角角落落"弥漫"着浓浓的人文教育氛围，才能最大限度地释放体育人文教育的巨大功能。

（1）加强高校体育物质环境中的体育精神涵养，重点彰显体育场馆、体育雕塑、体育标志、体育标语等人文元素的魅力。

（2）发挥校园媒体传播先进体育文化的作用，恪守"适时""适地""适人"原则介绍体育与政治、经济、文化、教育、科技等相关联的资讯。

（3）组织开展内容丰富、形式多样的校园体育文化活动，以便能立足于办学理念和办学宗旨，使体育文化与高校文化得以有效契合。

（4）加大校园体育中典型人物、典型事迹的宣传，充分运用体育明星、体育模范等榜样效应、励志效应和感染效应开展形式多样的人文教育。

（5）加强高校体育师资队伍文化建设，从强烈的职业操守与使命感、正确的体育价值观念、厚重的体育精神、广博的人文科学知识以及自身的道德修养、人文情怀和人格魅力等层面上提高体育教师的人文素养水准。

（6）推进民族类、时尚类以及体育欣赏、运动处方等主体性体育课程、主体性文化品位体育项目等的建设，满足在校大学生主体在体育方面的实际需求。

（7）改进和应用引导教学法、情境教学法、合作教学法、研究教学法以及现代心理学理论与专业相结合的其他体育教学方法，以便在体育教学中向大学生提供更多的主体体验及自觉创新机会。

（8）积极引导大学生社团、党团支部开拓人文环境、浓厚文化氛围，使在校大学生在丰富多彩的文化艺术活动中受到熏陶。

4. 依靠制度导向

好的制度，可以增强人的权利意识、自主意识，提高人的主动性和自我发展的责任性，从而提高发展人的层次，塑造健康和谐的人格。高校制度并不必然生成制度文化，但制度文化的生成必有赖于优质制度的生成。

高校制度是高校意识的体现，是高校人的准则和规范。高校不仅需要建立一套完善的规章制度和严明的组织纪律来确保工作秩序和效率，还需要充分发挥现代高校制度的教育引导、凝聚激励、引领创新和协调融合的功能来确保高校人的思想与时俱进，不断开拓创新。因此，高校体育人文教育的实施，需要发挥现代高校制度的导向作用，具体可以从以下三方面进行。

首先，需要将"以人为本"理念贯穿制度体系建设的全过程，从以行政职权为重点向指导、监督、检查和扶持职权为重点转化，注重发挥人的主动性和创造性，把高校引向追求个人与组织和谐、兼顾组织效率、承认并尊重人的尊严的新境界，如组织管理制度要体现人性化，教学管理制度要鼓励创新，人事管理制度要确保人尽其才、才尽其用，体育锻炼行为制度要突出自我管理。

其次，采用民主、开放的方式，以自下而上的程序生成制度，尽可能地让全体师生员工参与制度制定的过程，听取他们的合理化建议，保障大多数人的利益需求，才能吸纳更多经验，集中更多智慧，整合制定出更有效、更权威的体育管理制度。

最后，发挥制度的激励作用，强调制度本身对师生的体育价值观念和群体意识的引导作用，从广大师生的体育需求出发，完善体育管理制度，唤起动机，引起其行为上的变化。

第二节　高校体育的科学教育思想

体育教学是高校教育的重要组成部分，是高校教育的发展重点，也是我国实现科教兴国、体育兴国的发展策略，它对我国培养高素质体育人才起到重要作用。但随着现代社会的不断进步，素质教育对高校体育教学提出了更高的要求，高校体育教学只有在原有的基础上不断补充新鲜血液，不断增加新元素，才能满足高校学生对运动科学的需求。

一、运动人体科学与高校体育

运动人体科学以研究体育项目与人体机能为主题，是一门主张科学运动与医学运动相互交叉的新型学科，同时也是一门符合身心发展规律的科学专业。从知识框架的视角而言，它囊括了运动解剖学、运动生理学、运动生物力学、运动生物化学、保健康复知识以及运动医学等专业学科。运动人体科学是高校体育专业中的一门新学科，在训练过程中，它要求学生能在人体科学的基本理论基础上，具备一定的发展能力和科研能力，以及具体的实践操作能力等。运动人体科学融入了体育竞技、医学文化，以及身心健康等多个专业的基础知识，它既能丰富学生的体育竞技知识，又能开发学生的医药学文化。

鉴于体育教学的重要性，高校体育教学只有将提高学生身体素质作为主要教学目的，才能全面提高学生的身心发展，让学生感受到教学内容的重要性，然后掌握基本的体育知识和体育技能，在训练过程中，养成科学的运动方式和运动习惯，从而增强学生的身体素质与心理素质，形成良好的体育品格。另外，通过严格的体育培训和体育竞技，我国也能培养出、选拔出优异的体育人才，为国家储备优秀的运动员。根据我国高校体育教学的现状，高校体育教学可分为三大主线：一是运动训练；二是运动教学；三是体育科研。其中运动训练的主要对象是我国专业运动员，而体育教学和运动教学则是针对广大学生群体的。

二、高校体育教学在运动人体科学教育中的重要性

1. 学科设立的必要

运动人体科学不被学生所熟知，学生一般认为这门学科只是在体育课中进行教学，其

实这门学科不仅需要课堂教育，而且可以通过实验室解剖进行融入。实验室解剖这一做法是针对这一门学科的大胆尝试，通过解剖可以更好地帮助学生了解人体，并且进一步了解体育。通过这一学科的学习，学生可以更好地了解到人在进行体育运动的过程中骨骼和肌肉如何运动，以及怎样的做法才不会使人受伤，从而进一步促进学生对知识的吸收及今后的应用。

运动人体科学与人体及运动都息息相关，只有在学习过程中更好地对人体进行了解，不断观察人体的新陈代谢状况，才能更好地了解运动。学生对肌肉的学习会感到枯燥，只靠加强学生在学习过程中的联想从而进行学习的效果不明显，这就不如让学生走进实验室，通过人体的形象来对理论知识进行更好的理解。

2. 教育改革的需要

随着时代的不断发展，人们对人才的要求也进一步严格化，不仅要求人才具备专业知识，还需要具备动手能力及相关的创新能力。因此，高校在教学过程中要对学生的要求进一步严格化，加强对体育教学中人体知识的教学，进一步推进改革。在运动人体科学的教学过程中，高校应不断地结合学生的理解能力进行教学方式的改善，从而加强学生德、智、体、美、劳的全方面发展，加强体育活动的健康开展，并且在高校的人体科学研究实验室中引进先进的仪器，提高学生学习的热情，并且进一步提升学生对相关知识的理解能力，加强学生今后在体育方面的应用，从而促进学生成为全方位的人才。

3. 培养体育专业人才的需要

体育专业人才是我国体育教学、体育培训的中坚力量。提高体育教学水平，不仅有利于我国人民的身心健康，还能提高我国的体育水平和竞技水准。作为一名优秀的体育教师，必须以一个体育研究者的姿态，掌握必备的运动人体学科知识，这样一来，才能科学合理地指导学生进行体育训练。高校是体育竞技的研究基地，只有合理地运用运动人体科学知识，加深人体科学实践，有目的、有计划地制定出体育训练方案或方法，才能督促学生进行科学训练，从而培养出睿智、健康、全面、优秀的运动员。

4. 补充运动科学的必要知识

运动人体科学不仅能指导高校学生进行更合理的体育运动，还能帮学生提高运动效果，增强身体素质。另外，运动人体科学还是一门专业的医药学科，若学生在体育运动过程中不幸发生意外损伤，运动人体科学可为学生提供一些基础的护理常识，让体育学生在运动中避免受到伤害，即便意外突然降临，学生也能依靠自身所掌握的人体科学知识及时施救。相反，倘若学生对运动人体科学知识懵懵懂懂、一知半解，不仅会削弱运动效果，还会导致意外损伤，在意外损伤后也不知该如何处理，以至于造成严重的后果。

5. 提高我国运动员竞技水平的需要

高校是培养专业运动员的摇篮，同时也是诞生运动理论的基地。相比于普通学生，专业运动员更需要科学的运动理论和实践指导，运动人体科学不但能弥补其中的缺失，还能帮运动员提高身体素质，让他们进行更合理、更科学的体育训练，从而减少运动损伤，增强体育效果。此外，运动人体科学还能推动我国体育项目的科学研究，提高我国体育竞技水平，使运动科学更好地服务于体育项目。

三、运动人体科学在高校体育教学中的具体应用

1. 运动处方在高校体育教学中的应用

高校体育教学的主要目的是增强学生的身体素质，但是受传统错误观念的影响，很多人误以为健身就意味着运动，或运动并不能促进体质健康。因此，当前的高校主要通过对运动技能的增强从而使学生从运动中提升身体的综合素质，并且根据不同学生的不同身体状况来对运动内容和强度进行安排。运动与健身之间是存在本质性差异的，运动是健身的方式之一，其为健身提供了素材，但健身并不等同于运动。当前运动过程中存在大量的问题，这就需要我们掌握正确的运动方法，而运动处方就有效地解决了这一问题。

2. 运动生理学在高校体育教学中的应用

运动生理学的理论知识较多，属于学科的范畴，但是任何学科都需要不断实践从而在生活中更好地应用，对现实中的问题，如运动后身体的疲劳程度、身体恢复状况及运动员身体技能的变化等，需要借助科学合理的运动方案并在实践过程中不断完善，才能将运动学科的研究融入体育实践教学中，从而对体育学科起到促进作用。

3. 运动生物力学在高校体育教学中的应用

改革开放以来，我国经济实力不断提升，促进了我国相关科技的发展，因此，体育运动的技术含量也随之得到提升，运动生物力学逐步得到了重视及广泛的应用，运动生物力学在体育教学中起到的作用也越来越大，各高校在不断对体育教学进行发展的同时，也进一步对生物力学进行研究，从而使学生在学习过程中更加清晰地了解到力学是如何在运动中发挥作用的，并且帮学生在今后的运动中应用相关的力学知识，从而更好地完成运动的内容。高校体育在教学过程中对运动生物力学的应用，不仅有利于提升学生对知识的理解，还促进了学生对运动的理解，也进一步激发了学生的创造性。

对高校体育教学来讲，其不仅要传授知识，讲解运动技巧，还需要加强对学生健康体魄的锻炼。运动人体科学的研究不仅对学校的体育事业有所促进，同时在高校体育事业的

发展过程中，也需要学生掌握人体科学的相关知识。由此可见，运动人体科学教育就是为了让学生加强对人体生理方面的知识的学习，从而增强对自身肌肉、骨骼及新陈代谢等方面的了解，以加强对自身情况的分析，有助于在运动过程中针对自身的不足进行弥补，从而有效地提升身体素质，促进体育实践教学的健康发展。

第三节　高校体育的终身教育思想

一、终身教育理念解读

终身教育即人的一生当中所受教育的总和，其中既包括了青少年阶段的中小学义务教育、青年时期的高校教育，又包括了人们在走向社会过程中，因个人能力发展或者职业所需主动接受的各类社会培训教育。终身教育倡导通过主动学习的方式来为个体提供必要的专业知识、技能。

终身体育教学主要有四个特点。一是终身性。人们在人生的各个阶段进行体育活动，从而形成教育和锻炼的延续，实现体育教学的目的。二是全民性。终身体育教学不分地区、不分民族、不分年龄，普遍适用。三是广泛性。体育教学不仅停留在学校，同时也包括社会、家庭等，丰富多彩。四是灵活性和实用性。在人生的任何阶段，当个人有提高身体素质需求的时候都可以进行体育活动。

终身教育理念产生于社会经济、文化、政治、科技、教育等行业领域大发展的背景下，是人们在社会变革的影响下为促进自我个体社会适应能力的提升而对自我知识、观念、精神进行的一种更新活动。总体来讲，终身教育理念有终身性、全民性、广泛性、灵活、实用性等突出特点，能在教育的影响下，赋予人们随时随地对所面临的问题、困难予以解决的能力，满足人们各阶段的生存、发展需要，并为人们个人价值的发挥提供更大的空间和机遇。

随着素质教育在我国教育体系的不断深入实施，终身教育理念得以在我国各阶段的教育体系中很好地渗透。其中高校体育教学就在终身教育理念的影响下，衍生出来了终身体育这一独特的体育教学思想，不仅符合当下国家倡导的全民运动的主旨精神内涵，更符合体育素质教育的相关要求，是新时期终身教育理念在高校体育教学中渗透、发展、践行最好的表现，有助于新时期高校体育教学改革目标的实现。

总体来讲，将终身教育理念引入高校体育教学中，首先，有助于高校体育教学思想的转变，在国家教育部门的要求和倡导下促使高校积极抛弃传统体育教学观，引入更为先进、更为科学、更为合理的终身教育理念，并以此为主导思想开展后续各项体育教学实践工作，这将为高校体育教学的完善奠定良好的思想基础，保障体育教学改革事业的先进性。其次，终身教育理念在高校体育教学中的引入，有助于在体育教学中掀起体育教学方式方法改革的热潮，以此来促使现行体育教学更加符合素质教育相关要求，教授学生一定的体育学习技能，以此来为学生今后进行终身体育学习创造一定的条件。最后，终身体育教学理念在高校体育教学中的引入，必将在高校体育教学活动的举办中发挥极为重要的作用，以此来促使高校体育教学活动举办形式的多样化、内容的多元化，使体育教学活动符合学生的体育学习需求，以此来实现激发学生体育学习兴趣的目的。

二、终身教育理念下高校体育教学改革的必要性

1. 增强学生参与体育课程学习的积极性

体育教学不同于传统教育教学，终身教育理念下的体育教学既要保证知识和技能的传递，还要促使大学生明确把握体育运动对身心发展的重要影响，从而树立正确的学习态度，最终促进学生终身体育意识的形成。这样学生不仅能掌握体育技能和知识，还能将被动的体育学习转化成主动的体育学习。高校的体育教学除了传授体育知识和技能外，还要根据每个学生不同的身体特点指导他们使用正确的体育方法进行锻炼，这样一来不仅提高了学生的身体素质，还锻炼了学生的意志力。学生一旦领悟到体育教学的魅力，就会持续学习体育技能和方法，从而对他们树立终身体育的理念更加有益。

2. 有助于培养大学生的终身体育观

身体是革命的本钱，拥有健康的身体才能顺利开展未来的生活、学习和工作。如何使学生树立感兴趣的体育锻炼目标，激发学生自主进行体育锻炼的积极性，从而促使学生形成自己的体育意识和体育动机，要做到以下两点。

第一，积极开设终身教育以及终身体育相关内容的讲座。通过开展各种形式的讲座，学生能掌握正确的体育训练方法，摆正对体育学习的态度，了解更多关于终身体育的延伸知识。同时，通过分享一些真实的案例，激发学生学习体育运动的兴趣，帮助学生树立正确的体育价值观，提高终身体育的意识。

第二，加强校园体育宣传。高校通过利用新媒体等途径拓宽体育宣传渠道，开设体育宣传专题广播、节目等，增强学生对体育运动的兴趣，扩大学生的体育知识面并提高其参与热情，在高校营造出一种人人乐于参与体育活动的良好氛围。

三、终身教育理念下高校体育教学的新发展

（一）重视教学目标与内容的衔接

终身教育理念指导下的高校体育教学活动，不仅需要着眼于高校学生毕业之后的体育教育，而且也应当重视高校体育教学与基础教育阶段体育教学的衔接，从而促使学生在校体育教育呈现出系统性的特征。当前，基础教育阶段的体育教学与高校阶段的体育教学存在着各自为政的问题，不仅教学目标方面体现出了同质化缺陷，而且教学内容方面也具有明显的重复，因此，如何实现基础教育阶段与高校教育阶段体育教学的一体化，也是贯彻与践行终身教育理念的重要任务。

1. 目标衔接

一方面，无论是基础教育阶段的体育教学目标还是高校体育教学目标，都应当体现出体育教学与社会进步、学生持续发展之间的关系，并为学生继续接受体育教学、激发学生体育学习兴趣、促使学生自主开展体育锻炼奠定基础。例如在目标设定中，基础教育阶段的体育教学与高校体育教学都需要重视培养学生的终身体育观，从而将终身教育理念作为提升学生体育学习能力的主线。

另一方面，基础教育阶段的体育教学目标与高校体育教学目标需要体现出持续性、层次性的特点。

具体而言，在小学体育教学目标的设定过程中，小学体育需要通过游戏教学等方式，强化学生对体育价值的理解，并促使学生对体育教学产生较高兴趣，从而促使学生具备良好的体育学习态度。

在初中体育教学目标的设定过程中，初中体育教学要拓展学生的体育知识，提升学生在体育学习中的意志力与团队协作能力，同时需要关注学生体育学习习惯的养成，从而为学生终身教育理念的强化奠定良好的基础。

在高中体育教学目标的设定过程中，高中体育教学要重视巩固学生在体育教学中的态度、习惯以及兴趣，并重视推动学生个性发展，推动体育教学工作的生活化。

在高校体育教学目标的设定过程中，高校体育教学要重点关注学校体育与社会体育的衔接，在利用多元化教学内容满足学生学习兴趣、学习需求的基础上，为学生开辟了解社会体育文化的渠道与平台。

2. 内容衔接

从基础教育阶段体育教学与高校体育教学在内容方面的衔接来看，内容多样化以及内

容差异化，是基础教育阶段体育教学内容与高校体育教学内容实现良好衔接的重要目标。

一方面，基础教育阶段体育教学工作者与高校体育教学工作者有必要深化对"终身教育项目"的研究与应用，这一项目至少应当呈现出四个特点，即具有较高的可行性、具有可增可减的运动负荷、具有较强的吸引力以及适应不同阶段的青少年。在此要求下，游泳、跑步、体操等运动项目都可以纳入"终身体育项目"体系，并根据教学目标的差异，在不同阶段的体育教学中体现出具有差异性的重点。

另一方面，基础教育阶段体育教学与高校阶段体育教学内容需要具备连贯性，在小学体育教学内容的设计中，教师要重视围绕教学目标、教学任务和教学游戏的开发，从而促使学生通过教学游戏体验到体育教学给自身带来的快乐。在中学体育教学内容设计中，有必要对选择性教学进行尝试，从而实现各类优秀内容与学生兴趣爱好的对接。在高校体育教学内容设计中，则需要根据高校教学环境、教学设施以及学生学习能力、体育素养基础等，对教学内容做出较大的调整，如重视提升非竞技运动项目比例、重视引入具有延续性活动价值的体育运动项目。

高校有必要针对学生专业特点，为学生提供与专业特点相契合的体育运动项目，如海运专业可以强化游泳教学、地质专业可以强化竞走与攀岩教学等。另外，在教学内容的难度方面，基础教育阶段体育教学与高校体育教学需要体现出难度逐渐提升的特点，而从教学内容的比例来看，则有必要逐步提升个人运动项目、可选修内容的比例，从而为学生终身教育理念的强化以及学生对终身教育理念的践行奠定良好基础。

（二）推动高校体育教学组织形式多样化

在高校体育教学工作中，教学组织形式为实现高校体育教学目标而服务，在不同的高校以及不同的体育课程中，教学组织形式需要依据教学目标的差异、教学内容的差异、教学对象的差异以及教学环境的差异而体现出差异性，为此，无论是多样化还是特色化，都应当是高校体育教学组织形式创新中的重要要求，只有如此，高校体育教学活动才能有效吸引学生，为终身教育理念的贯彻奠定良好的基础。

1. 明确高校体育教学组织原则

在高校体育教学工作中，教学组织原则主要体现在以下四个方面。

（1）个性化原则，即要求高校体育教学工作者尊重学生主体性，根据学生兴趣、能力，在体育教学组织方面体现出因材施教的特点，从而确保学生的主观能动性得到充分发挥。

（2）多样化原则，即要求高校体育教学工作者在重视发挥传统教学组织形式优势的基础上，对高校体育教学组织工作做出更多的探索与创新，从而推动高校体育教学组织形式呈现出多样化的特点，进而确保高校体育教学组织形式适应不同学生群体以及不同教学内容的教学需求。

（3）开放性原则，即要求高校体育教学工作者在重视校内教育的基础上，关注学校教育与社会教育的关联性，通过创新体育教学组织形式，引导学生"走出去"了解体育文化。当然，也可以通过邀请家长、社会体育组织进入高校，对学生进行指导，从而强化学校教育与社会教育之间的协同性。

（4）无形化原则，高校体育教学组织工作不仅需要体现在教学过程中，也有必要体现在高校体育文化、体育教学文化建设方面，从而在高校形成倡导终身教育理念的学风与校风，这不仅有利于提升终身教育理念在高校体育教学中的渗透成效，而且也能为高校体育教学特色的打造奠定良好的基础。

2. 创新高校体育教学组织方法

在高校体育教学工作中，许多高校中的体育教学组织方法不断推陈出新，当然，一些高校仍旧沿用传统体育教学组织方法的情况也客观存在，而教学组织方法的单一性则容易导致学生对体育教学产生厌烦情绪，并对学生学习兴趣的提升、学习习惯的养成等产生制约作用。

具体而言，高校体育教学组织形式应当以选修课程为依托，在确保教学内容与学生学习需求实现良好对接的基础上，引导学生自愿、自主地参与体育教学与体育锻炼；与此同时，高校体育教学组织要充分发挥出学生体育社团的作用，而且要重视运用俱乐部等形式开展体育教学。

从俱乐部形式的应用来看，虽然该形式在高校体育教学中呈现出了多样化的优势，但是受到体育课程地位、高校体育教学设施、高校体育教学师资力量的影响，俱乐部形式的应用与普及仍旧面临较大的难度，而重视对体育课程地位、高校体育教学设施、高校体育教学师资力量等方面对高校体育教学做出的改革，则成为推动高校体育教学组织方法多元化发展的关键。

（三）明确终身教育理念下对高校体育教学工作者的要求

在将终身教育理念作为高校体育教学指导思想的过程中，传统教学观念与这种新的教学观念也会产生一定的冲突，这不仅要求教师能重视了解终身教育理念，将终身教育理念渗透到高校体育教学当中，而且要求教师能转变传统教学过程中对学生主体性的压抑，以推动学生个性发展、全面发展为目标，充分发挥学生在践行高校体育教学终身教育理念中的主观能动性。具体而言，在终身教育理念下，高校体育教学工作者需要通过做好以下工作来实现自身角色的转变。

首先，高校体育教学工作者在高校体育教学中需要扮演终身教育理念的传播者与践行者角色。要将终身教育理念渗透到高校体育教学过程中，就要求高校体育教学工作者能认知与认同终身教育理念，并在此基础上明确高校体育教学的发展方向，重视推动终身教育理念在同事群体、学生群体中的传播。一方面，高校体育教学工作者要重视在学生群体中宣传终身教育理念，引导学生认识到终身教育理念对自身体育素养发展的重要价值，并在此基础上促使学生强化自身体育学习意识、学习兴趣并养成良好的学习习惯。例如高校体育教学工作可以利用校园媒体、专题讲座、体育课堂等载体，对终身教育理念进行全方位的宣传。另一方面，高校体育教学工作者要践行终身教育理念，从而提升终身教育理念的感染力与渗透力。例如高校体育教学工作者要在日常生活与工作中投入体育学习、体育锻炼当中，从而为学生群体树立榜样。

其次，高校体育教学工作者在高校体育教学中要扮演体育教学改革工作的组织者角色。终身教育理念在高校体育教学中的渗透，要求高校体育教学做出一定的改革与发展，在此过程中，高校体育教学工作者应当发挥出主导作用。在此方面，高校体育教学工作者要针对学生个性差异、能力差异、习惯差异等因材施教，促使学生养成良好的学习态度。与此同时，高校体育教学工作者要重视引导学生掌握科学的体育锻炼方法，促使学生在高校内外具备自主参与体育锻炼活动的能力，从而为学生终身体育学习意识与能力的强化提供良好保障。当然，在高校体育工作者开展教学改革的过程中，还要重视对国内外先进经验、先进技术等适时的了解与借鉴，并针对高校以及学生实际情况，将这些经验与技术应用到终身教育理念的渗透当中，从而有效提升终身教育理念在高校体育教学中的渗透成效。

最后，高校应当重视在体育教学工作者角色转变的过程中发挥指导作用。在此方面，高校要重视引导体育教学工作者对学生学习需求进行了解，并促使体育教学工作者针对学生学习需求激发学生学习兴趣，从而为终身教育理念在高校体育教学中的渗透奠定良好基础。与此同时，高校要重视推动体育教学工作者教学理论能力、教学实践能力的提升，从而确保终身教育理念在高校体育教学中得以贯彻与落实。例如高校可以通过组织体育教学工作者参与教育培训工作或者教学经验交流活动，引导体育教学工作者转变自身传统的教学理念，并在认识到终身教育理念价值的基础上，提升终身教育理念在高校体育教学中的渗透成效。另外，高校要针对体育教师专业素养、教学能力的提升，构建科学的评价机制与完善的评价指标体系，并将体育教学工作者对终身教育理念的运用与渗透情况纳入评价体系当中，从而为终身教育理念在高校体育教学中渗透成效的提升奠定良好基础。

总之，在国家倡导全民运动的背景下，我们要对体育教学在人类的未来可持续发展中所发挥的重要作用有一个更为深刻的认识，并在素质教育的倡导下，在国家教育有关部门的领导下，继续加大对高校体育教学的重视程度，严格依照相关要求和标准来推进终身教育理念在高校体育教学中的渗透，以此来提高高校体育教学，为新时期高校体育教学创新改革目标的实现奠定良好的思想基础和意识基础。

第四节　高校体育的个性化教育思想

知识经济时代需要大批具有独特个性、完整人格的工作者，需要大批善于独立思考和具有创新精神的人才，因此，重视受教育者的个性发展，在实践中探索和实施培养学生良好个性的个性化教育就成为当务之急。随着高校体育教学改革的深入，各种体育理念的渗透，个性化教育越来越受到体育工作者的重视，研究个性化教育的理念，探索高校体育个性化教育的策略显得尤为重要。

一、个性化教育及其特征

个性，在哲学上是与共性相对的范畴，是指一事物区别于其他事物的特殊的性质。共性是指不同事物所共有的普遍性质。共性存在于个性之中，个性表现共性并丰富着共性。心理学上的个性是一个人在其生活、实践活动中经常表现出来的比较稳定的、本质的、独特的、带有一定倾向性和心理特征的总和。

所谓"个性化教育"是充分尊重受教育者的主体地位，在发现和尊重受教育者现有个性以及提供有利于受教育者个性提升的物质条件基础上，挖掘受教育者的个体潜能，促进受教育者个性的释放和完善，使受教育者在社会适应、智能、身体、心理等方面得到充分和全面发展，培养个性化的人的教育过程。

个性化教育是主、客观条件下教育与自身个性的结合，是教育与社会及个体的统一。个性化教育过程是一个推动个人的自我建构活动，间接地推动人的个性发展的过程。

个性化教育具有以下五个特征。

第一，主体性。个性化教育强调人的主体地位，注重受教育者的兴趣和需要，尊重受教育者的个体差异、原有学习经验、接受能力等。在个性化教育中，要求教育者重视激发受教育者的主动性与积极性，通过受教育者自主学习，主动参与教学，实现其在整个教育过程中的主体地位。

第二，针对性。个性化教育的目的就在于重视受教育者的差异性，在促进其社会化的同时实现个性化。教育过程中针对受教育者的个性差异，选择合适的教育内容和方式，张扬积极个性，发展优良个性，摈弃消极个性，有意识地培养其适合社会和个人发展的优良个性。

第三，民主性。个性化教育在本质上是为受教育者提供适合其特点的教育，使其充分、和谐、自由地发展。民主性是基于个人特点的基础上展开的，以适应并促进个性发展的方式，实现具有完善个性的人格的教育，其培养的过程中倡导互相尊重、互相理解的师生关系。

第四，全面性。个性化教育的全面性是指面向全体受教育者，促进受教育者个性素质全面均衡和谐发展。全面发展并非平均发展，是在个体具有的全面发展潜能的基础上，依据个性特点开展教育，可以在某方面或某些方面突出地发展，强调诸多素质的和谐发展。

第五，创造性。创造性是个性发展的最高表现，是个体综合素质中最具活力的因素，是推动个性适应环境、发挥特长、走向成功的内在潜能，是人主体性的充分体现。个性化教育需要为受教育者营造一种开放、自由的教育环境，强调受教育者创造性的想象与思维。

二、个性化教育的实施依据

第一，个性化教育是教育教学改革的需要。当前，世界各国都正在兴起一场寻求有效教育方式的教育改革。个性化教育既有人本主义的思想又具有科学主义的价值取向；既能促进学生的个性全面发展，又能促使个体为社会发展贡献力量。在科学技术飞速发展的今天，社会需要各种富有创新精神的人才，从而也就需要针对学生的个性化教育，而不再是整齐划一的教育。因此，进行个性化教育的尝试是时代发展的趋势，是我国教育改革的需要。

第二，个性化教育符合现代教学论的观点。现代教学论认为个性化教育是着眼于充分发展人的个性而实现的教育。它针对人的个体差异，通过一定的训练和培养，使之得到充分的发展。个体差异是指人与人之间在稳定的心理特征上的差异，如性格、兴趣或能力等方面的差异。个体差异不仅表现在人是否具有某方面的特征，而且也表现在同一特征的不同水平上。学校教育是培养人学习能力的重要途径，教师应在充分正视学生个体差异的前提下，将学生的主观能动性和让他们"学会学习"教学要求有机地结合起来，应把学生的"个体差异"作为一种"教育资源"来开发。

第三，个性化教育是素质教育的需要。素质教育是培养具有创新精神和实践能力的有理想、有道德、有文化、有纪律的全面发展的人才的教育，是以全面提高公民的思想品德、科学文化和身体、心理、劳动技能素质，培养能力，发展个性为目的。而个性化教育就是通过对整个教育过程的影响，培养学生优良的个性品质，促进学生全面发展。个性化教育是对应试教育的矫正，对素质教育改革具有积极的推动作用，也是素质教育的需要。

第四，个性化教育是人文关怀的需要。过去，应试教育使个体的受教育偏重单纯知识掌握，弱化了它的育人功能。现代教育"以人为本"，强调教育的社会功能，关注的是人对社会的适应，以培养适应社会的人才。而个性化教育重在关注学生的态度、情感、信念，尊重、培养学生的社会情感品质，发展自我调控能力，并促使学生对生活产生积极的情感体验，拥有健康高尚的情感生活，最终形成健全的个性。个性化教育体现了学校教育的人文关怀，是学校教育的手段，也是学校教育的目的。

第五，信息技术推动了个性化教育的发展。现代信息技术极大地改变了人们的工作方式和生活方式，促进了教育生产力的变革，受教育者个体之间智力有差别，学习方式的差异也很大。信息时代的个性化教育着眼于人的发展，从适应学生个体差异发展的角度出发，充分发挥学生主体作用，为不同类型学生提供个体差异发展的课程内容、教学组织模式、教学方法和教学管理。信息技术使学生可以根据自己的兴趣和特点选择课程、选择教师、选择授课时间，使学生变"被动学习"为"主动学习"，满足学生学习的差异需求，充分调动了学生学习的兴趣。

三、高校体育个性化教育的形式

开展个性化教育需要进行多方面的探索，而体育个性化教育的基本形式主要有研究性学习和分层教学两种形式。

（一）体育研究性学习培养学生个性化品质

研究性学习既是一种课程形态，又是一种学习理念和方法。实施研究性学习，不仅能有效地转变学生的学习方式和教师的教育观念，而且也能为学生创新精神和实践能力的发展、个性的展现提供良好的机会和可能。

体育研究性学习从学生设计研究课题开始，课题研究过程中，学生需要通过各种途径收集资料以及进行社会调查，需要运用理论知识指导运动实践的实施，既有小组合作的过程，又有个人解决问题的过程。解决问题的过程能增强学生综合运用所学知识解决实际问题的能力，使学生获得对社会的直接感受，了解科研的一般流程和方法，初步形成科学精神和科学态度。在与他人、与社会的交往中，培养团队合作精神和人际交往的能力，在实践中体会个性价值实现的乐趣。最后研究结果的内容和形式各异，把学生置于一种动态、主动、多元的学习环境中，提供给学生更多的获取知识的方式和渠道，有利于学生创新精神的培养，使学生获得了比较完整的学习经历，培养和建立起学生良好的个性品质。

（二）体育分层教学培养学生个性化品质

体育分层教学法本着面向全体学生的原则，充分培养学生的个性化能力，其目的是把相同水平的学生分到一组，进行相关的专业训练与教学，最终提高每个学生的体育技能。同时，体育分层教学法还具有循序渐进和从实际出发的基本原则，教师安排学生进行分层工作后，制定出相应的教学目标与内容，把普通水平的学生小组的目标设定为追赶优秀学生小组。要想完成这样的目标，学校的从教人员需要从实际出发，根据学生的实际情况进行分层分组，提高学生对体育课程的积极性与能动性。

分层教学法作为提升体育个性化教学的重要方法，其具体内容包括以下三个方面。

1. 教学目标的设定要有层次化

体育教学的本质目标在于让学生树立学习体育的意识，并在受教育过程中充分锻炼自身的身体技能，达到强身健体的目的，而不是为了把全体学生锻炼成体育特长生，拥有超高技能。当学生的分层分组确定下来后，高校体育教职人员需要根据学生所学的体育技能知识和相关的特点，制定出科学、合理的教学目标。其目标不是仅仅指对不同层别的学生的体育教学的标准不同，而是指不同层别的学生体育教学的具体目标有差距。

2. 教学内容的选择要有层次化

一旦完成学生的分层分组工作后，那么不同小组的学生会有不同的起点，所以，在教学内容与教学方法的选择上就要有所不同。要在提高整体体育技能的前提下，找到相应的侧重点。针对层别较高的学生，可以使用竞技的方式，在学生比赛过程中发现其优点和不足之处；针对层别一般的学生，在教学内容和方法的选择上需要以大纲为准，侧重技能的教学。教学内容选择的层次化，一是可以使学生更好更快地掌握体育知识与技能；二是可以开发层别较高学生的潜在能力，减轻学生的学习负担。

3. 考核评价的进行要有多维度

考评要求的层次性是指高校体育考核体系的全面性，不是说不同层别的学生具有相同的考核内容与标准。因此，高校体育课程的考评需要进行多维度考查。其考评内容可以把学生平时练习的成绩、对体育技能的相关知识的认知与把握以及运动表现都作为考评的标准。在分级别后，会使有的学生学习体育的热情受到打击，所以校方和教师要全面把握分层标准。

高校体育个性化分层教学法的实施调动了学生的学习积极性与主动性，然而在其实施过程中仍有一些需要注意的相关事项，具体表现在两个方面：一方面，分层选择尽量不要公开进行。分层是分层教学法中重要的环节，要避免公开进行。因为体育分层分的是学生的个人能力的不同和授课方式的不同，而分层的主要决定者是教师，难免会有一些学生心里出现隔阂或是不情愿，会导致学生的学习兴趣降低，影响教学质量。另一方面，教师在分层选择时应注意学生的心理偏差。因为完成分层分组工作后，学生会对教学内容和教学方法进行比较，一些学生会产生"为什么把我分到层别一般的小组"的想法，会产生不公平对待的心理偏差，进而产生自卑心理，失去学习主动性，最终影响教学质量。

总之，在高校体育个性化教育背景下实施分层教学法取得了很大的进步，体育教学工作得以顺利开展，同时也更好地完成了促进学生体育技能、强身健体的终极目标。

四、高校体育个性化教育的策略

1. 培养学生全面发展基础上的个性品质

高校体育应实现的课程基本目标是：大学生在熟练掌握两项以上健身运动的基本方法和技能的基础上形成自觉锻炼的习惯，达到身体健康、心理健康和良好的社会适应能力目的。因此，高校体育个性化教育所要培养的个性，应该是多方面和谐发展的个性，是能顺利地适应社会发展变化的一种良好的、健全的心理状态和精神品质，在体育运动中推动高校"健康第一"目标的实现。同时，在彰显学生个性的教育中，要防止学生对个性自由的盲目追逐，而导致个体极度的自我膨胀，形成"以自我为中心"的个人主义。

2. 坚持人的社会化与个性化的统一

人的发展过程就是人的社会化与个性化的对立统一，社会化保障了人类社会的延续与文化的传承，个性化促使个人具有超越现实、改善现实的独特性与创造性。高校体育个性化教育，不能以个性化来代替社会化，应是人的社会化与个性化统一的教育。以往的教育更多地强调学生作为社会人的一面，强调教育的高度统一，严重束缚了学生个性的张扬。不过，现阶段的高校体育改革也不能矫枉过正，必须从社会化与个性化有机结合的角度把握高校体育个性化教育。鼓励学生在体育运动中张扬个性的同时，加强对学生社会道德和社会规范的培养，使学生在共有的社会基础和赖以相互交往的基本规范上具有优良的个性品质。

3. 培养学生积极的自我概念

自我概念就是一个人对自己的了解和看法。自我概念是个性结构中的重要组成部分，决定着学生学习的创造性、满意感和快乐感。具有良好自我概念的人，在体育运动中热情高、自信心足，遵守运动规则，合作能力强。因此，促进学生形成积极的自我概念对实施体育个性化教育具有重要的作用，体育教师应多关注学生的学习态度、进步幅度，不能用学生运动能力的优劣来判断学生成绩。给予学生合理的表扬、鼓励，善于倾听学生的自我表达，建立起一种平等、信任、理解、相互尊重的和谐的师生关系，帮助学生充分发挥其具有优势的潜能。良好的自我概念会使学生热情活泼地投入体育运动中。

4. 准确把握学生的个性特点

对学生进行个性化教育，体育教师需要了解学生的性格特点、身体状况、兴趣爱好、学习方式等，这样才能针对个性差异的学生因材施教，给他们提供施展个人才能的机会。体育较之其他课程，师生之间有更多语言和肢体的交流，"在体育课程教学实践中，人的'互交'作用特别明显，教师与学生在语言交流的同时，还具有身体语言的间接与直接的交流，还有学生与学生之间的交流也特别频繁"[1]。学生在平等、自由、民主、尊重的环境下，才愿意毫无保留地在教师面前尽情地展现自己的个性，教师才能更全面、真实地了解学生，才能更好地做到个性化教育。

5. 实施多元评价

对学生体育课程学习的评价应是对学习效果和过程的评价，主要包括体能与运动技能、认知、学习态度与行为、交往与合作精神、情意表现等。应做到过程性评价与终结性评价相结合，定量评价与定性评价相结合。评价主体可以是教师、学生、同学、其他相关教师、社会有关人员等。以往对学生学习的评价只注重终结性评价，忽视了学生的个体差异，严重挫伤了许多学生的自尊心和进取心。事实上，每个学生由于先天的、家庭的、学校的、社会的等方面因素，造成一定的个体差异，理应得到承认，评价学生的成绩应在他们原有的基础上，反映出学生运动中的进步情况和努力程度，对他们取得的点滴进步要及时给予鼓励和表扬，让他们充满自信，充分发挥个性，得到全面和谐、平等的发展。

---

① 李启迪，邵伟德. 论体育教学的有效性与正当性 ［J］. 北京体育大学学报，2011，34（03）：93.

第三章 高校体育课程资源的创新与开发

第一节 高校体育课程资源开发简述

一、体育课程资源的概念、特征与分类

(一) 体育课程资源的概念

广义的课程资源是指一切有利于实现课程目标的各种因素，包括素材性资源，如知识、技能、经验、生活方式与方法、情感态度、价值观、培养目标等，还有条件性资源，如直接决定课程实施范围和水平的人力、物力、财力、时间、场地、器材、设备、环境等。课程资源实际上可以理解为围绕实现课程目标的各种内外因素和条件的总和。但是，从课程编制的角度而言，并不是所有的资源都是课程资源，只有那些真正进入课程、与教育教学活动联系起来的才是课程资源。就体育课程而言，体育课程资源是指有利于实现体育课程目标的各种内外因素和条件的总和。这其中既包括物力的，也包括人力的；既有校内的，也有校外的；既包括传统的教科书和图书资料，又包括现代的网络和科技成果，等等。

(二) 体育课程资源的特征

第一，丰富多样性。在实际的教育教学过程中，可以开发利用的体育课程资源是多种多样的，它不仅是体育教材，也不仅局限于学校内部，体育课程资源涉及学生学习与生活环境中所有有利于课程顺利实施、有利于达到课程标准和实现教育目标的各种因素，因而具有广泛多样的特点。

第二，价值潜在性。一切可能的体育课程资源都具有价值潜在性的特点。有相当一部分体育课程资源在体育课程设计之前就已经存在，具有转化为体育课程实施的可能性，但还不是体育课程实施的现实条件。它们往往体现出一种潜在的价值，只有经过一定形式的开发、利用和转化，才能成为有利于体育课程实施的基本条件。

第三，具体性。体育课程资源有具体性的特点，表现在不同的地域，可开发利用的体育课程资源不同；不同的文化背景下，人们的价值观念、道德意识、风俗习惯具有各自的独特性，相应的体育课程资源亦各具特色；学校的性质、规模、办学条件等的不同，其可以开发利用的体育课程资源也不尽相同；学生个体的家庭背景、身心发展水平和生活经历的不同，可供开发利用的体育课程资源必然也是千差万别的。

同样的体育课程资源，具有不同的用途、价值与功能，可以用于实现体育课程的不同目标，如学校附近的山峦，既可用于学生进行体育锻炼的场地，又可用于对学生进行野外生存教育等。教师要注意并善于挖掘体育课程资源的多种利用价值，使体育课程资源的潜在价值得以充分发挥。

（三）体育课程资源的分类

体育课程资源的内容极其丰富，既有来自自然界的，又有来自社会的；既有显性的，又有隐性的；既有校内的，又有校外的；既有人力的，又有物力的。为了加深对体育课程资源的不同类型与存在范式的了解，提高对体育课程资源的认识，可以根据体育课程资源的空间分布、功能、性质、存在方式进行分类。

1. 根据空间分布进行分类

根据空间分布，体育课程资源可分为校内体育课程资源和校外体育课程资源。凡是在学校范围之内的体育课程资源，就是校内体育课程资源。它是实现课程目标，促进学生全面发展的最基本、最便利、最直接的资源，如学校师资结构、师资水平、学校体育场地、体育器材设施、校风校纪、校容校貌等校园人文环境等。

校外体育课程资源包括学生家庭、社区乃至整个社会中各种可用于体育教学活动的设施和条件以及丰富的自然资源，如社区体育设施、体育人文环境、国内外体育活动和比赛信息、国家经济和人民群众对体育的需求、山川河流、沙漠高原自然环境等。校外体育课程资源可以弥补校内体育课程资源的不足，充分开发与利用校外体育课程资源能为我们转变教育教学方式，为体育课程的改革与发展提供有力的支持和保证。

2. 根据功能特点进行分类

根据功能特点，体育课程资源可分为素材性体育课程资源和条件性体育课程资源。素材性体育课程资源是指组成体育课程材料的基本来源，其特点是作用于体育课程，并且能成为体育课程的素材和来源，如国家颁发的体育课程指导纲要、国家体育课程标准、体育教材、各种参考资料；体育管理人员的思想、情感、智慧和创意，体育科技、历史、文化艺术、各种媒体（电视、电影、网络）信息等。

条件性体育课程资源是指体育课程实施的基本条件要素。其特点是作用于课程，但不是形成课程本身的直接来源，不是学生学习和收获的对象，但它在很大程度上决定着课程实现的范围水平，如直接决定课程范围的体育教师、教练员、校医务人员、课程管理者等人力资源；体育场馆器材、设备等物力资源；学校教育经费投入、社会资助等财力资源；社会自然环境；等等。

在现实中，其实有些资源既包含着体育课程的素材，又包含着体育课程的条件，如人力资源、网络资源、环境资源等。

3. 根据性质进行分类

根据性质，体育课程资源可分为自然体育课程资源和社会体育课程资源。自然体育课程资源具有"天然性"和"自发性"。我国幅员辽阔，山川秀美，物产丰盛，可以开发与利用的自然课程资源极为丰富。例如，可以充分利用空气、阳光、江、河、湖、海、沙滩、森林、山地、草原、雪原、荒原等条件，开展野外生存生活方面的教学与训练，开发自然环境资源等。认识自然，融入自然，与自然界和谐共处，是学生素质养成的重要内容，也是整个课程编制过程应体现的一个基本理念。

社会体育课程资源带有"人工性"和"自觉性"的特点，人们可以开发与利用的社会体育课程资源同样是多种多样的，如以家庭体育、社区体育、假日体育、民族传统体育等方式所开展的体育活动；为了保存和展示人类体育文明成果的公共设施，如体育博物馆、体育展览馆雕塑；健身娱乐中心、体育运动中心高水平运动训练基地与体育科研所等。

4. 根据存在方式进行分类

根据存在方式，课程资源还可分为显性体育课程资源和隐性体育课程资源。显性体育课程资源是指看得见摸得着，可以直接运用于教育教学活动的体育课程资源，如教材、计算机网络、自然和社会资源中的实物、活动等，它们是实实在在的物质存在。显性体育课程资源可以直接成为教育教学的便捷手段或内容，相对易于开发与利用。

隐性体育课程资源是指以潜在的方式对教育教学活动施加影响的课程资源，如校风、社会风气、家庭气氛、师生关系等。与显性体育课程资源不同，隐性体育课程资源的作用方式具有间接性和隐蔽性的特点，它们不能构成教育教学的直接内容，但是它们对教育教学活动的质量起着持久的潜移默化的作用。

二、高校体育课程资源开发的意义

体育课程资源与体育课程存在着十分密切的关系。体育课程资源的开发和利用的意义主要表现在以下七个方面。

1. 为体育教学改革提供理论支撑

理论对实践具有重要的指导作用，体育教学改革必须有完整的理论做基础。当前我国体育教学改革呈现出一个畸形的特点，那就是实践先行，缺乏必要的理论支撑。迄今为止，关于体育教学方面较为成熟的理论专著几乎为零，如此便出现了一个反差：一方面体育教学改革的实践如火如荼，另一方面相关的理论研究却显得极为贫乏，这势必会影响体育教学改革整体推进的质量与效果。体育教学内容资源开发的相关成果，将从理论和实践上回答体育教学中遇到的一些新问题，使体育教学理论不断丰富和完善，在一定程度上将为体育教学改革奠定理论基础。

2. 提高学生的主体地位，促进学生的全面发展

学生是学习的主体，对体育课程资源的开发和利用也必须围绕学生这个主体来进行。而且，按照现代课程的理念，学生同样是重要的体育课程资源，同样是开发利用体育课程资源的主体。对体育课程资源的开发利用，不仅要让学生亲自参与，让他们的生活和经验进入体育课程，还要在这一过程中激发他们学习的兴趣，陶冶情操，不断提高他们探求新知的能力。这意味着学生的学习方式将发生根本性的转变，学生将由被动的知识接受者转变为知识的共建者。

3. 提高教师的教学水平，促进教师的发展

体育教师不仅是重要的体育课程资源，而且也是开发利用体育课程资源的重要主体之一。开发利用各种体育课程资源，将全面带动体育教学手段、方法、组织形式等方面的变革。在此过程中，体育教师的教学水平将会得到进一步的提高，其教育观念、方法等也将不断适应现代社会和课程改革的要求，这对体育教师的专业发展具有重要意义。

4. 开发利用体育课程资源是体育课程实施的必要前提

体育课程与课程资源之间存在非常密切的联系。没有体育课程资源就没有体育课程可言，没有体育课程资源的广泛支持，再完美的体育课程改革设想也很难转化为实际的教育成果。相反，有体育课程就一定有体育课程资源作为前提。但是它们毕竟不是一回事，体育课程资源的外延范围远远大于课程本身的外延范围。因为所有的体育课程资源只有根据课程目标、学校实际和学生身心发展水平等，经过教育学的加工并付诸实施才能成为体育课程。因此，体育课程的实施范围和水平，一方面取决于体育课程资源的丰富性，另一方面则在很大程度上取决于对体育课程资源的合理开发和利用。

5. 促进体育教学及体育文化的发展

体育教学内容资源开发对体育教学而言，是一个崭新的领域。对于它的研究，将大大加深人们对体育教学的理解，拓宽认识和研究体育教学的渠道和路径。同时，体育教学内容资源的开发，将极大地丰富和发展体育教学的内容体系，这也在一定程度上丰富了体育文化的内容，对促进体育文化的传递、创新和发展具有十分重要的理论意义。

体育教学内容资源的开发，必将成为体育教学改革的突破口。这不仅表现在它将直接促使体育教学内容的变革，而且对体育教学的其他方面，如体育教学类型、体育教学评价以及体育教学实施中的教学方法与手段、教学组织形式等的变革，也将产生积极而深刻的影响，对体育教学的整体建设与发展有着重要作用。

6. 促进学校体育、社会体育与竞技体育之间的联系

在理论层面上，学校体育一直被认为是学校内部的体育活动。如今，人们逐步认识到学校体育不应该仅仅局限于校园内部，而应该逐渐与社会体育和竞技体育加强联系，并在联系中相互借鉴与发展。但是，如何才能在学校体育与社会体育和竞技体育之间架起一座桥梁，一直是人们努力想解决的难题，而体育教学内容资源的开发，则为解决这个难题提供了新的思路和契机。

第一，体育教学内容资源的开发打破了学校的空间界限，使更多社会体育和竞技体育的手段和内容通过提炼、加工成为体育教学内容。学生通过这些内容的学习，不仅可以了解当今社会体育和竞技体育的最新发展动态，而且还能为他们以后参加社会体育和竞技体育的实践奠定一定的基础。

第二，体育教学内容资源的开发，必然要调动社会体育及竞技体育领域的一切可以利用的人力、物力、财力和信息，这在客观上加强了学校体育与社会体育和竞技体育之间的联系。

第三，体育教学内容资源的开发，可以使人们更新观念，促进学校体育与社会体育和竞技体育不同领域之间的相互理解，消弭隔阂，从而真正树立"大教育"和"大体育"的观念。

7. 促进体育教学与其他学科及校园文化之间的融合

过去，体育学科与其他学科一样，处于一种自我封闭的发展状况，这不仅阻碍了体育学科的发展，而且也不利于学生身心的全面发展。体育教学内容资源的开发，是在学校内外、社会的大背景中进行的，因此，必然会超越体育学科的界限，将学校内其他学科的资源以及校园文化资源纳入自己的视野和范围。体育教学内容资源的开发，将最大限度地促进体育教学与健康教育、生活教育、生存教育、环境教育、国防教育以及校园文化的相互融合与借鉴，使体育教学与各学科的交叉渗透、融会贯通自然而然地发生于课程实施的过程中，对学生的身心教育与影响将更为全面。

总之，"开发公共体育课程资源，推动教师自我能力的提升，优化体育课程教学，进而保障体育课程质量的提升"①。只有充分解放思想、灵活创新、持续改进，才能做好各类体育教学资源的合理开发和利用，助力高校体育教学事业的持续发展。

三、高校体育课程资源的平衡配置

1. 体育课程中素材性与条件性资源的平衡

按功能特点，高校体育课程资源可划分为素材性资源与条件性资源。

第一，素材性资源。素材性课程资源是指学生体育学习和锻炼收获的对象来源，它包括体育与健康知识、体育文化、体育锻炼手段与方法、体育教学组织与教法、体育课程目标、体育价值观念与体育情感等方面。

第二，条件性资源。条件性课程资源是学生体育学习与锻炼有所收获的直接条件，它包括实施课程的人力资源、财力资源、时间资源、体育场馆空间资源和体育器材资源等。

高校体育素材性课程资源与条件性资源二者之间是相互包容与共生的。作为人力资源的体育教师，便是典型一例，教师既是实施课程的一个重要条件性资源，教师劳动所创造的成果也是素材性资源的重要因素。

高校体育课程资源的直接利用者是教师和学生，教师的个人经历、情感、经验、感受、态度及价值观念，对课程实施的运作过程起着控制调节作用。这些认知与情感方面的因素同样是一种重要的体育课程隐性的素材性资源。将教师个人经验、智慧、态度、情感、价值观念等因素予以优化，进入学生体育学习与锻炼的课程教学之中，与学生的体育态度、情感及价值观对接互动，影响学生体育意识与行为，达成适应于课程目标的共识。这样教师和学生就能真正感受到体育的重要性。

2. 体育课程中校内外资源的平衡

按高校体育课程资源空间分布，可以把体育课程资源分为校内课程资源和校外课程资源。就高校其他课程而言，因校内课程资源使用的经常性及便捷性特点突出，校内课程资源的开发与利用往往占据主导地位，校外课程资源更多的是起到补充和辅助作用。

为了满足体育课程中校内外资源的平衡协调，需要校内与校外课程资源的共同发展，为此开发利用校外体育资源，可以从机制层面去引导资源的转换机制，具体内容包括：①体育教学要敢于合理利用社区及自然资源及人类体育发展的成果，向社区俱乐部等院校辐射交流，使学校体育课程教学与社会大众体育相互促进，学校体育教学始终保持着时代性、先进性与活力；②调动教师的课程改革积极性和课程资源开发利用创新性，构建体育

---

① 吕鑫宇. 新时期高校公共体育课程资源的开发与利用研究 [J]. 时代教育，2018（09）：163.

课程教学创新机制；③构建全面科学可持续发展的课程评价机制，激励教师大胆创新，为合理地利用校外体育课程资源营造一个宽松的环境。

3. 体育课程资源平衡的关键

平衡协调开发利用高校体育课程资源，协调处理好素材性资源与条件性课程资源、校内课程资源与校外课程资源的关系，找准各类课程资源在不同环境、不同条件及不同目标任务中最佳配置的结合点，最大限度发挥其资源的整体效益，提高高校体育课程教学质量，这是 21 世纪深化高校体育教学改革的现实呼唤。

第一，树立"以人为本、健康第一"的指导思想，在积极对条件性资源进行建设的同时，应更加重视素材性资源的识别、加工、整合，特别是对体育项目与教学手段进行改造，重视其教学的魅力，同时也要不断开拓校外资源。

第二，体育课程资源开发与建设一定要纳入课程建设规划中，应使教学研究与课程资源开发利用紧密结合，在制度上确保各类课程资源及其责任主体落实到位。加强人力资源开发，特别是高校体育教师师资队伍建设，发挥其在课程资源开发利用中的主导作用。

第三，学校应对体育课程资源开发建设加大投入，这种投入不仅包括在场馆设施条件性资源项目上，还包括为教师提供发展机会，提升教学与研究水平，改善利用各种媒体网络设施，提高教师资源开发利用的能力等。这是高校体育课程建设中人力资源开发的一项重要投入。

第二节　高校体育课程内容资源的开发

随着我国基础教育课程改革力度的不断加大，课程资源的重要性日益显现出来。因为，它在一定程度上构成了课程改革的支持系统。课程资源的开发和利用，直接关系到新课程标准能否顺利实施，对保障课程改革的成功具有重要的现实意义。从另外一个角度而言，开发利用各种课程资源本身就是课程改革的重要组成部分。因为课程与课程资源存在十分密切的关系，课程资源的丰富性和适切性程度决定了课程目标的实现范围和实现水平。任何课程的实施过程实际上就是对一定课程资源的加工、分配和转换的过程。

一、体育教学内容资源开发的目标

课程的价值在于促进学生的知识、能力、态度及情感的和谐发展。课程的变革，从某种意义上来说，不仅是变革教学内容和方法，而且也是变革人。学生是课程变革的出发点和归宿，因为教育的根本目的和功能是促进人的成长与发展，学校的一切工作，最终目的都是促进人的发展，为人的发展服务。从这一点上来说，体育教学内容资源开发的总目标与体育教学的目标应该是一致的，即通过体育教学内容资源开发，培养学生的运动兴趣和运动能力，促进学生身体、心理健康水平和社会适应能力的发展。具体而言，体育教学内容资源开发要实现以下四个目标。

1. 满足学生需要，促进学生发展

体育教学内容资源开发的首要目标就是要满足学生的体育需要，促进学生的发展。就学生个体而言，不同年龄、性别以及不同地区的学生，由于各自的教育背景不同，其身心发展的水平，如身高、体重、运动能力，对运动的兴趣、爱好、态度、社会交往能力等是有很大差异的。

一方面，体育教学内容资源的开发必须以满足不同学生的体育需要为前提，否则便不能为学生所接受；另一方面，学生在体育方面需要学习的东西很多，远非体育教学所能包揽的，因而必须在可能的体育教学内容资源范围内，在考虑开发成本的前提下突出重点，精心选择那些对学生终身发展具有决定意义的体育教学内容资源，使之优先得到开发。

要通过体育教学内容资源的开发，使学生由被动地学走向主动参与、主动探索，从而真正学会学习。为学生提供丰富的、多姿多彩的体育教学内容资源，重在不断培养学生独立学习的意识、习惯和能力。体育教师要充分利用体育教学内容资源开发过程中的各种有利因素，提高学生探索问题、分析问题、解决问题以及合作学习等方面的能力，使他们能创造性地利用各种体育教学内容资源，为自身的体育学习和实践及其他探索性活动服务。

2. 提高体育教师开发体育教学内容资源的能力

体育教学内容资源开发的另一个重要目标是树立体育教师新的体育教学内容资源观，并不断提高其开发体育教学内容资源的能力。体育教师对体育教学内容资源开发的认识和理解，直接关系到他们开发体育教学内容资源的主动性和积极性，也在很大程度上影响着开发的质量和效果。因此，必须通过体育教学内容资源的开发，使体育教师对体育教学内容资源的认识不断深化，逐步树立新的课程资源观。

体育教师开发体育教学内容资源的能力也是影响开发效果的关键因素之一。对绝大多数体育教师来说，怎样开发体育教学内容资源是一个全新的课题。通过体育教学内容资源的开发，促使体育教师不断学习现代教育思想和教育技术，学习体育教学内容资源开发的各种方法与技术，并学会从实践中总结各种经验教训，注重分享其他教师的各种经验和成果，使他们的专业水平在实践中不断提高。

3. 丰富体育教学内容体系

体育教学内容，从内涵上来说应该是非常丰富的，但以前相当长一段时间内，体育教学内容被限定在体育教学大纲和体育教材所规定的范围内，其他内容如各种新兴运动项目、学生的经验等一般是不会成为体育教学内容的。新课程改革，就是要改变这种局面，体育教学内容资源的开发，也要将丰富体育教学内容体系作为一项基本任务。

体育教学内容资源的丰富性和多样性特点，为我们的开发提供了前提条件。要努力通过体育学科专家、体育教师、学生等多个主体以及国家、地方和学校多个层面全方位、多角度地进行体育教学内容资源的开发，使各种新颖有趣、适应性强的体育教学内容资源不断地转化为体育教学内容，使体育教学内容在原有的基础上不断拓展、不断丰富，逐步形成具有中国特色的体育教学内容体系，使拓宽后的体育教学内容能为学生选择学习、发展个性提供更加广阔的空间，为实施素质教育、提高体育教学的质量和效果打下基础。

4. 形成体育教学特色，提高体育教学标准的适切性

致力于形成各个学校的体育教学特色，以提高新体育教学标准对每个学校的适切程度，也是体育教学内容资源开发的重要目标。每所学校由于学校性质、办学条件和教育理念、学生的发展基础等实际情况不同，其拥有的体育教学内容资源的数量、性质和具体结构等也是不同的。因此，不要一味追求体育教学内容资源的统一性，应保持不同地域之间学校的体育教学内容资源的丰富多样性，把各学校所拥有的不同体育教学内容资源变成特色资源来开发。只有形成特色，才能使一个学校的体育教学内容资源开发具有旺盛的生命力。

二、体育教学内容资源开发的原则

体育教学内容资源开发的原则是在体育教学内容资源开发过程中所要遵循的基本准则，其对体育教学内容资源的开发具有指导作用。确定体育教学内容资源开发的原则，一方面要依据体育教学内容资源本身的特点，另一方面则要依据体育教学内容资源开发时所须考虑的主要因素。

体育教学内容资源开发中应遵循的原则主要包括开放性原则、针对性原则、时代性原则、合作互补原则、开发与利用相结合原则。

1. 开放性原则

所谓"开放性原则"，是指体育教学内容资源的开发要打破时间、空间、学科、领域、途径的界限，尽可能开发利用有利于体育教学实施活动的所有体育教学内容资源，即以一种开放和包容的心态对待人类所创造的一切文明成果，只要有利于实现体育教学目标的，就应该将之纳入开发与利用的视野，兼收并蓄，为我所用。事实上，从体育教学的发展历史来看，体育教学内容就一直变化、更替着，从体育教学发祥时代的兵操，到现代的各种

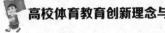

运动项目；从相对贫困时期的健身养护内容到后工业时代的娱乐休闲内容等，体育教学本来就是一个开放的、不断变化的系统，本身就具有极强的包容性。

体育教学内容资源开发的开放性，包括时间的开放性、空间的开放性、学科的开放性、系统的开放性以及途径的开放性。

第一，时间的开放性，是指体育教学内容资源的开发应该跨越时间的界限。从古至今，人类在几千年的发展过程中创造了灿烂的体育文化，有的虽历经时间的侵蚀，但仍然熠熠生辉，闪烁着璀璨的光芒。古代的、近代的、现代的各种形态的体育文化为我们提供了一个丰富的资源库。我们可以根据需要从中选择相关内容进行开发，并不断推陈出新，赋予它们时代的意义。

第二，空间的开放性，是指体育教学内容资源不论是校内的还是校外的、中国的还是外国的、农村的还是城市的、汉族聚居地的还是少数民族地区的，只要有利于实现体育教学目标，都可以进行开发。

第三，学科的开放性，是指体育教学内容资源的开发在学校内部要打破体育学科与其他学科之间的界限，尽可能利用其他学科，如语文、数学、生物、物理、地理等的内容资源，使所开发的体育教学内容更具有综合的、全面的教育意义。

第四，系统的开放性，它有两层含义：一是指在体育教学内容资源开发时，不要只局限于学校体育系统，要尽可能利用社会体育系统和竞技体育系统的内容资源；二是指在体育教学内容资源开发时，要超越体育系统的界限，政治、科技、文化、军事、医疗卫生等社会其他系统，也有大量丰富的体育教学内容资源，也是我们开发的对象。

第五，途径的开放性，是指体育教学内容资源开发不应该局限于某一种途径或方法，应尽可能探索多种途径或方法，并能协调使用。

2. 针对性原则

所谓"针对性原则"，是指要针对体育教学目标，从学生、体育教师、学校的特点和实际出发进行体育教学内容资源的开发。

首先，针对体育教学目标进行体育教学内容资源开发。体育教学内容资源开发的最终目的是体育教学目标的实现与达成，因此，体育教学内容资源开发自始至终要围绕如何有效地实现体育教学目标来进行：一方面，不同的体育教学内容资源具有不同的作用与功能，对于不同特定的体育教学目标，就应该开发不同的体育教学内容资源；另一方面，一些不同的体育教学内容资源可能具有相同的作用与功能，开发时就应该针对体育教学目标对各种资源进行比较与分析，以便能开发出适应性相对较强的体育教学内容。

其次，针对学生的特点进行体育教学内容资源开发。这在理念上体现了体育教学开发与建设要"以学生为主体"的思想。具体表现在三个方面：①针对学生的生理和心理发展水平；②针对学生的体育兴趣与爱好，尽可能激发学生的求知欲；③针对学生已有的体育学习基础和能力。

再次，针对体育教师特点进行体育教学内容资源开发。每一位教师都有自己的认知策略、思维习惯和工作方式，有自己的生活经历和教育背景，有自己的经验、兴趣、爱好、专长和个性特征及不同的教育教学风格等，这些不仅会直接影响到他们对体育教学内容资源开发的认识，也关系到开发方式和开发的广度与深度。因此，应针对每个体育教师的教育思想、理念、知识、经验、专业水平、特长等来开发体育教学内容资源。

最后，由于各个学校具有不同的性质和任务，其所在地理位置、历史传统、培养目标、办学宗旨、师生结构、校风校纪、校容校貌等各不相同，所以要针对学校的特点进行体育教学内容资源开发，如针对学校的自然环境特点、学校的场地、器材、设备的特点、学校的体育传统与风气、校风与班风的特点等。由于体育教学内容资源的开发在很大程度上受各学校体育教学环境资源状况的制约，因此，体育教学内容资源的开发也要因地制宜，从各个学校的实际出发。

例如：山区学校可以以山为主题来开发体育教学内容资源，如登山、攀岩、远足、野营等；地处江、河、湖、海附近的学校则可以以水为主题开发体育教学内容资源，如游泳、龙舟、划船、水中健身操等。又如，城市经济条件好的学校，可以利用校内外的网络资源进行体育教学内容资源开发，如开发各种体育知识、运动项目的比赛规则、健康保健知识等；而农村经济条件较差的学校则可考虑开发一些本乡本土的、民间的体育教学内容资源，如舞龙、采莲船、踩高跷、顶扁担、滚铁环和其他民间游戏等。

3. 时代性原则

时代性原则具有两个方面的含义：一是指体育教学内容资源的开发要反映出现代社会发展的需求；二是指体育教学内容资源的开发要体现出鲜明的时代特征。

随着社会的不断发展和现代科学技术的日新月异，人们的生产方式和生活方式发生了巨大的变化。这种变化一方面使人们的生活更加舒适便利，另一方面给人们的健康带来了诸多不利影响，如人的生物性退化、人际关系淡化、社会应激水平增加等一系列问题。这种影响同样波及了大学生。例如当前学生体质健康水平呈下降趋势，而心理疾病的发病率则呈直线上升趋势。因此，改善和提高青少年学生的健康水平，便成为当今社会发展的需要。体育教学内容资源开发也必须满足这一需求，具体而言就是要尽可能开发出锻炼价值高、实用性强、对改善学生心理素质及提高学生社会适应能力作用大的体育教学内容。

健康的生活方式是现代人追求的目标之一。娱乐、健身、休闲正在逐步成为人们闲暇生活的主旋律，而各种娱乐、健身、休闲的手段也在不断地发明和创造出来，成为深受大众喜爱的新兴运动项目。体育教学内容资源的开发，亦应该体现出这种鲜明的时代特征，要让那些有着浓郁生活气息和趣味性强的各种身体练习，通过加工成为体育教学内容的组成部分，以便为学生走出校门、步入社会生活奠定基础。

4. 合作互补原则

所谓"合作互补原则"，是指在体育教学内容资源的开发过程中，要充分发挥体育教学专家、体育教师、学生等人员的作用，充分利用他们的知识、经验、特长以及各自的优势，取长补短，优势互补，共同提高体育教学内容资源开发的质量与效果。合作互补的原则有四层含义：一是体育教师与高等院校或科研机构的体育学科专家之间的合作互补；二是不同学校之间或同一所学校内部体育教师之间的合作互补；三是体育教师与学生之间的合作互补；四是体育教师与其他人员之间的合作互补等。

体育教师作为体育教学的实施者，由于身处教学的第一线，因而具有较强的实践能力和广阔的实践舞台，但是他们普遍缺乏教育研究方面的知识，教育理论视野也不够开阔，加上繁重的教育教学工作，其参与体育教学内容资源开发的积极性和效果都会受到一定的限制。而高等院校或科研机构的体育学科专家们虽有较强的体育教学内容资源开发的意识，也有较扎实的教育理论基础和教育科研能力，却缺乏像体育教师那样的现场经验和具体实践操作能力。因此，只有将二者的优势结合起来，形成理论指导与实践操作的相互结合，才能使体育教学内容资源的开发方向更加明确，效果更加明显。

体育教师之间的交流与合作，对提高体育教学内容资源开发的质量与效果也有很重要的意义，原因有两个：其一，体育教师之间的合作、探讨、经验分享本身，就是开发体育教学内容资源的重要方法之一；其二，由于体育教师活动的空间背景相对一致，或同一所学校，或同一个城市、一个区、一个县、一个乡镇的几所学校，其在地域上有着相同的特点，通过相互合作，有利于开发出特色鲜明的体育教学内容。另外，体育教师之间的合作，还可以使一个体育教师或一所学校在体育教学内容资源开发方面所取得的成果和经验迅速在其他教师中推广，形成较强的示范作用，有利于体育教学内容资源开发的不断深入。

体育教师与学生的合作同样有利于体育教学内容资源的开发。学生在体育方面的知识、技能、经验等虽然不像体育教师那样经过了专业的培训，但他们在体育方面同样具有体育教师没有的生活实践优势，具体表现在三个方面：①某个领域的体育知识，如 NBA、德甲、意甲等方面的各种信息，学生可能比体育教师掌握得更多；②某些运动项目，特别是新兴运动项目的知识和技能，如山地自行车、滑板、轮滑、台球等，体育教师可能不如学生；③学生本身所拥有的生活和学习经验是体育教师不具有的。体育教师通过与学生合作，不仅可以大大提高体育教学内容资源的丰富程度和开发效果，也有利于使学生的经验进入体育教学，成为体育教学的重要内容。

在体育教学内容资源开发过程中，体育教师与其他人员，如学生家长、学校行政人员、教练员、民间艺人、社区其他人员等之间的合作也是非常重要的。也就是说，体育教师要充分地利用一切可以利用的"外力"来提高体育教学内容资源开发的效果。

5. 开发与利用相结合原则

开发与利用相结合原则，是指在体育教学内容资源开发的过程中，不能单纯为开发而开发，要注意使开发与实际利用结合起来，使开发的体育教学内容资源通过课程实施的各个环节进入体育课堂而发挥其作用与功能。

如今，课程资源开发问题已经引起大家的关注，但这又可能导致另一个极端，即肆意开发各种资源而忽视实际的利用。因此，体育教学内容资源的开发也应该注意尽量避免只重开发不重利用的倾向，既要注意开发的数量，又要注意开发的质量；既要树立积极开发各种体育教学内容资源的意识，又要善于分析、识别、发现现有的体育教学内容资源，把闲置的体育教学内容资源及时进行加工、改造和转化，使之进入体育教学而加以充分利用。

三、体育课程内容资源开发的途径

（一）对体育课程内容资源的开发与利用

体育课程内容资源是极为丰富的。可以说，人类所创造的一切体育文化形式都可以作为体育课程内容的基本来源。体育课程内容资源与日常生活、竞技运动、民族民间传统体育、养生活动、社会体育、军事以及医学等方面都有着非常密切的联系，其手段、形式和内容构成了体育课程所需要的广泛而又丰富的内容资源。开发利用体育课程内容资源可以从以下五个方面入手。

1. 改造现有的竞技运动项目

竞技运动项目以其突出的竞赛性、娱乐性和高超的技艺等特点而深受广大青少年学生的喜爱。但是，直接将竞技运动项目全盘引进体育课程，特别是将其作为学体育课程的内容是不合适的，显然其没有考虑到学生的身心发展特点。因此，必须从教育的角度对现有的竞技运动项目进行改造，使之成为可以利用的体育课程内容。改造的方法主要有以下五个方面。

第一，简化比赛规则，只保留一些能激发学生运动兴趣，使学生很快"玩"起来的简单规则。

第二，简化技战术，将最基本、最适合学生身心特点的基本技术和战术提炼出来。

第三，修改内容，去掉那些繁、难、偏、旧等不利于学生身心发展的、学生不感兴趣的内容，不过分强调内容的系统性和完整性。

第四，降低难度要求，即降低动作难度、练习难度，不苛求动作的细节等。

第五，改造场地和器材，使场地和器材更加符合学生的身心发展特点。

2. 引进新兴运动项目

随着现代社会的发展，人们在休闲、娱乐和健身过程中发明创造了大量新兴的运动项目，如攀岩、野营、保龄球、极限运动、轮滑、沙狐球等。这些新兴运动项目具有娱乐性强、动作易学、场地器材简单等特点，特别适合作为体育课程内容，应通过选择、加工等方法对这些资源进行有效的开发利用。

3. 开发民族、民间传统体育

我国幅员辽阔，民族和民间体育文化源远流长，各个地区、各个民族存在大量群众喜爱、老少皆宜的体育形式，如武术、龙舟、舞狮、珍珠球以及各种体育游戏等，它们都可以通过适当的加工和改造而进入体育课程。对这些资源的开发不仅有利于形成具有各地区、各学校特色的体育课程，而且还可以很好地将学生的生活经验与课程的学习紧密地结合在一起。

4. 整合各种体育课程内容资源，创造新的体育课程内容

体育教师要善于对各种体育课程内容资源进行整合，不断创造出各种新的体育手段和形式，使其成为体育课程的新内容。例如，将乒乓球与排球进行整合，用乒乓球的球拍和球，用排球的场地和规则来进行活动。

5. 让体育教师和学生的知识与经验进入体育课程

体育教师和学生的经验是非常重要的体育课程内容资源，如果能通过体育课程教学进行有效的开发利用，将对体育教师的教学方式和学生的学习方式的变革产生积极的影响，特别是可以培养学生主动探究和创新的能力。例如，在教学中向学生提供一些体育器材，要求学生根据这些器材和自己已有的知识与经验通过小组讨论、尝试练习等方式，创编一种新的游戏方法，并在这一过程中教师和学生、学生和学生之间共享其已有的知识和经验，然后将其转化为各种新的体育课程内容。

对体育教师和学生已有知识和经验的开发利用，在我国以往的体育课程教学中是极其薄弱的一个环节，应该注意加强。当然，这需要体育教师从根本上转变教育观念。

（二）对体育课程条件资源的开发与利用

体育课程的条件资源主要包括学校内外的各种人力资源、物力资源和自然地理环境资源等。

1. 对体育课程人力资源的开发

体育课程的人力资源包括体育教师、学生、家长、班主任和其他有一定体育特长的教职工、校医、校外体育专家、社会体育指导员、运动员、教练员、校外医生和有一定体育特长的社会其他人员等。他们的知识、智力以及体力等都可以通过开发进入体育课程。在开发体育课程人力资源的过程中要注意以下三个问题。

（1）充分发挥体育教师的作用。因为体育教师是最重要的体育课程资源。在体育课程资源的开发过程中，教师的素质决定了课程资源的识别范围、开发与利用的程度以及效益发挥的水平。对体育教师潜能的开发，应该成为体育课程人力资源开发的重点。

（2）"以生为本"。鼓励和引导学生积极参与体育课程资源的开发，如让学生自制体育器材和教具，通过网络和媒体收集体育信息、创编各种体育游戏等。

（3）积极挖掘其他人力资源，如进行健康教育，可以请医生、家长等协助进行；又如可以请一些著名的运动员进行体育表演，以激发学生的学习兴趣，等等。

2. 对体育课程物力资源的开发

当前我国部分学校，特别是广大农村和偏远地区学校体育场地和器材等存在缺乏的现象。在这种现状下，积极开发各种体育课程的物力资源便显得尤为重要。可以通过以下四种方法和途径进行开发和利用。

（1）发挥现有体育器材的多种功能，即一物多用，如跨栏架可以用来跨栏，也可以用作投射门，还可以用作钻爬的障碍等。

（2）自制简易器材和替代品，如利用废排球制作实心球，用书包作负重物或标志物等。

（3）改造场地，合理布局，提高场地的利用价值，如篮球场可以改造成篮球、排球、羽毛球、轮滑等项目都可以使用的多功能场地等。

（4）充分利用学校附近的社区或单位的体育场地和器材设施等。

3. 对体育课程自然地理环境资源的开发

学校附近的高山、河流、湖泊、森林、草原、田野、沙丘、海滩以及阳光、空气、冰雪等都是极为宝贵的体育课程资源。利用这些自然地理环境资源可以开发出多种多样的体育课程内容，如利用森林，可以进行野营、定向越野；利用沙丘，可以进行爬沙丘、滑沙、沙疗等；利用海滩，可以进行沙滩足球、沙滩排球等。

自然地理环境资源的开发，不仅可以缓解一些学校体育场地、器材不足的矛盾，而且还可以形成学校的体育课程特色，这对体育校本课程的开发与建设具有重要的意义。

第三节　高校体育校本课程资源的开发

校本课程是指以国家和地方课程的基本精神为指导，以学校为基地、以学校教育哲学为理念、以学生的需求为基础、以教师为主体、以当地社区和学校教育资源为依托而开发的实施方案。

一、高校体育校本课程开发的含义

第一，校本课程开发。校本课程开发是指学校根据国家的教育方针和教育目标，依据学校自身的办学理念，在对学生需求分析的基础上，基于社区和学校的课程资源，由学校教师自主进行的一系列课程活动的过程。

校本课程属于校本课程开发的产品和结果，而校本课程开发指向的是一个动态的不断完善的过程。

第二，体育校本课程。"开发体育校本课程关键是体育教师的专业化发展水平。"[①] 体育教师的专业化可以在具体实施国家和地方体育课程的过程中，更好地评估学生的体育需求，在充分利用学校相关体育资源的基础上，实现体育与健康课程目标的方案。

第三，体育校本课程开发。体育校本课程开发是指以学校体育教师为主体，在国家和地方体育课程方案的指导下，依据学校自身的性质、特点、条件以及可利用和开发的体育资源，为满足学生的体育需求和实现体育与健康课程目标而展开的一系列课程活动的过程。

二、高校体育校本课程开发的意义

1. 有助于培养学生的个性和体育兴趣

体育校本课程是根据本校学生的实际需求和兴趣爱好而设立的课程，可以照顾到本校学生的体育兴趣和特长，有较强的针对性，这有助于学生个性潜能的挖掘与强化。

校本课程开发的理念是尊重个体的独特性和差异性，以学生需求为主，体育校本课程

---

① 练文. 高校体育校本课程开发探析［J］. 中国成人教育，2010（14）：144.

以其实践性、体验性、多样性、灵活性、开放性、自主性更好地体现学生的主体地位，满足了学生体育学习的兴趣和特长。

2. 有助于促进体育教师专业化发展

课程的改革在于人的改革，课程的发展在于教师的发展。在体育校本课程开发中，体育教师是校本课程开发的核心。这充分体现了体育教师在课程开发中的主导者、设计者、实施者的地位。

体育校本课程开发是一项创造性的工作，需要体育教师勇于探索，敢于创新，能突破陈旧的思维方式和体育教学模式；善于对体育资源进行校本化的加工和改造，把资源优势转化为课程开发优势，并努力寻找与学校其他课程的整合开发，最优化地体现体育作为校本课程载体的优势。因此，体育校本课程开发的过程中，教师的个性化思维能力和创新能力得到了提升，专业精神、专业知识、专业技能也得到了升华。

3. 有助于促进体育教学的合作与交流

体育校本课程开发虽然是在学校展开、以学校体育教师为主体的开发活动，但也需要外部的支持与帮助，这种帮助体现在以下两个方面。

第一，体育校本课程开发需要体育院校与教育科研部门研究者的帮助，学校主动与体育院校及科研院所建立联系，这有助于促进体育院校、科研单位与学校之间合作伙伴关系的建立。

第二，与其他学校的联系。体育校本课程开发需要借鉴他校的经验，同样会促进校与校之间的合作和交流，有利于共同取得进步和促进发展。

4. 有助于形成学校体育特色

特色课程的构建是实现学校办学特色的重要载体。学校体育特色是指一所学校在体育方面形成的带有普遍性和相对稳定的一种集体的体育行为风尚，它是学校体育的一种氛围与环境。

体育校本课程开发，能有效地结合体育学科的特点和独特功能，充分挖掘和利用各地区、各民族、各学校丰富的体育资源，走出一条基于学校体育现实的特色化的道路。这十分有利于学校发挥各自的优势，形成自己的体育特色，因此，体育校本课程开发是形成学校办学特色的重要策略之一。

5. 有助于国家体育课程的实施与改进

体育校本课程开发是各校根据本校的实际情况，自主开发的、以身体练习为载体的课程。体育校本课程开发中课程的规划、编制、实施、评价的"一体化"，能避免国家及地方课程开发中相互分离的现象，更好地体现课程的一致性和连续性。并且，体育校本课程

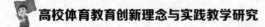

开发过程中的"一体化"可以使学校的人力、物力、财力等现有资源得到充分的利用、整合，形成育人的合力。这种课程不仅能有效调动体育教师实施体育课程的积极性、主动性，而且能使学校的体育课程资源得到更充分合理的配置，弥补国家、地方课程的不足，提高体育教学成效，有力地推动学校体育课程的改革。

6. 有助于弘扬多元民族文化

新课程提倡开发"民族、民间"体育传统项目为课堂教学内容。体育校本课程开发多以各地、各民族丰富的传统体育活动项目为主要内容。各民族传统体育活动具有多元文化特征、多元价值功能和浓郁的民族文化特征，在活动内容和形式上，有的体现了浓厚的民俗生活和民族宗教气息，有的反映着人们对自然的崇拜，有的项目呈现了生产、生活方式，有的折射出骁勇善战的民族精神等。所以，根据各校所在地与民族、民俗文化特点开发的体育课程，不仅对学生的身心发展有利，也对弘扬多元民族文化有重要意义。

三、高校体育校本课程的开发步骤

（一）高校体育校本课程开发的组织、目标与情境

1. 校本课程的组织建立

建立组织即成立课程开发委员会或相应的工作小组。这不仅为整个校本课程开发提供必要的组织保证，而且其本身也应该成为一个提供支持和服务，增进交流、对话和理解，增强凝聚力和归属感的过程。这一阶段的工作主要有：①确定课程开发小组的成员，成员一般由学校校长、体育教师以及体育课程专家等组成；②安排比较详尽、操作性强的工作流程。

2. 校本课程的目标拟定

学校教育目标是学校期待其所要培养的人在接受教育后应该达到的基本要求。校本课程开发的实质，就是依据学校教育目标，建构学校的总体课程，并据以实施、评估、改善的过程。学校教育目标制定以后，如何联结学校教育目标同体育校本课程开发的关系还有一段距离。为求体育校本课程开发活动能有效地实施以实现预期的目标，就要把抽象的、理想的学校教育目标细化为有层次的分段目标，并考虑实现这些目标的具体方式和步骤。学校的教育目标必须转化为体育课程目标，并进一步转化为包含不同领域的体育校本课程目标，通过教学来实现这些目标，进而实现体育课程目标，最终实现学校教育目标。

3. 校本课程的情境分析

情境分析是体育校本课程开发顺利展开的前提条件，只有对各种校内外的情境进行科

学、充分的了解和评估，才能开发出真正适合本校实际情况的体育课程。情境分析可分为校内情境和校外情境两部分。校内情境分析主要包括对学校体育与健康课程开发的人力资源情况、学生特点和需求、体育经费、体育活动场所、设施、器材等进行综合评估；校外情境分析包括对社区文化特点、体育传统及其他各类体育资源情况、家长对课程开发的态度、教研人员、课程专家的合作等状况的评估分析。

（二）高校体育校本课程的方案确定

体育校本课程开发方案是课程开发的具体规划和行动指南。这一环节先以体育教研组长为核心、体育教师共同参与完成，并拟订方案初稿；以会议或其他形式取得全体参与人员的共同理解，达成共识；最后由校长审定向上级主管部门申报和备案。具体包括以下三方面的工作内容。

第一，确定学校体育课程开发的基本方针。全体参与校本课程开发的成员首先要了解和把握相关体育课程改革的资料和精神实质，如研究和理解体育课程的有关规定，结合本校教育总目标和课程目标，经充分讨论后达成共识，继而展开课程编制工作的相关计划。

第二，确定人员的分工和任务。课程开发方案中还应确定参与人员的分工和权限，明确各部门人员的关系，以便各部门通力合作，完成学校体育课程的构建。

第三，确定开发流程和课时数安排。有计划的开发流程会使后面的工作更加顺利。要根据学校课程开发的长期、中期、短期目标设计科学的开发流程。同时体育校本课程在教学与课余活动中的比例、课时数的安排也十分重要，特别是体育课堂教学的节数、课余体育活动的比例安排等。

（三）高校体育校本课程的培训和实施

1. 校本培训

校本培训是课程改革的配套措施。校本课程开发以学校为基地，以体育教师为主体。所以，课程方案设计之后，不但要对全体体育教师进行培训和解释，同时也要和学校其他相关人员、家长、社区人员沟通和说明，这样才能有的放矢、优质高效地实施校本课程。

校本培训要解决的主要问题有：强化课程意识；明确体育校本课程开发的意义，了解体育校本课程开发的含义和特点；领会体育校本课程开发、组织的基本理论和基本思路，掌握编写《体育校本课程纲要》和体育校本课程教材的方法和技能；领会体育校本课程教学的特点，开展生动活泼、优质高效的教学活动。

2. 校本课程实施

体育校本课程目标的实现必须通过课程实施。实施课程是开发组成员将已经规划好的

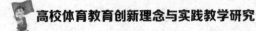

体育课程付诸实际教学的过程。体育校本课程实施的途径有体育教学、大课间体育活动、课外体育俱乐部。学校隐性体育课程是利用社会力量和学校资源实施体育校本课程的又一拓展途径和形式，包括学校运动会和体育竞赛等。

（四）高校体育校本课程的评价与修订

评价是体育校本课程建设过程中的重要环节。评价的目的是判断校本课程开发过程中的成绩与不足，为进一步修订课程开发方案服务。这一过程包括以下两个方面的工作。

第一，对体育校本课程实施过程中各种活动本身的评价，如教师对课程的适应程度、教学表现；学生在课堂和其他课程活动中的态度与行为；学校、体育课堂的环境等方面的评价；对学生发展的评价和对体育校本课程可行性的评价等。

第二，对体育校本课程开发活动本身的评价，如校本课程开发的原则、目标确定是否恰当、合理；校本课程内容是否适合学生、实施过程的管理、课程评价体系的适切性等。对课程开发进行综合性的评价后，进一步修订课程方案，以便更好地进行下一轮的课程开发工作。

校本课程开发的模式和程序，国内外都有不同的方式方法，以上过程是校本课程开发的一般程序和方法，可以在体育校本课程开发的实践中不断创新和发展。

第四章 高校体育教学的创新项目及其教学实践

第一节 高校体育攀岩项目及其教学实践

一、攀岩运动的特点与功能

攀岩运动源于 19 世纪末和 20 世纪初的欧洲和北美地区的登山运动和徒步旅行活动。在这些活动中，登山者们发现了许多需要攀爬才能到达的高山和岩峰。为了能够攀登这些地形，他们开始使用绳索和其他工具来提高登山的安全性和效率。随着时间的推移，攀岩逐渐成为一项独立的体育运动，吸引着越来越多的人参与。现在，攀岩已经成为一项国际性的运动，有许多不同的赛事和等级。

攀岩运动是一项集探险、竞技、健身、娱乐、观赏于一身，融力量、勇气、智慧、时尚、美感为一体，惊险刺激而又能确保安全的大众化体育运动。

（一）攀岩运动的特点

攀岩运动能充分满足人们亲近自然、挑战极限、超越自我的需求，正吸引着越来越多的参与者。攀岩运动的特点主要体现在以下六个方面。

第一，特殊运动场地的唯一性。攀岩是少有的在陡峭的岩壁（包括人工岩壁）表面开展的运动。在人类开展攀岩运动之前，地球上无数雄伟壮丽的悬崖峭壁只能供人们欣赏其静态之美，而自从有了攀岩运动，人类就开始不断地赋予岩壁以生命之美。这一特殊性吸引了无数人的目光，使人产生了无限的好奇与遐想，从而使人们拥有想去体验的冲动和欲望。

第二，具有探险运动的危险性。攀岩最早是作为人类探索自然的表现行为，由于受自然环境、气候条件和装备器材等不确定因素的影响和制约，其危险性是不言而喻的。这种危险性还缘于它是一项在高空开展的运动，只要离开地面，就有脱落的可能，只要脱落就有可能存在危险，这就要求每个参与者在思想上对此要有足够的认识，并通过不断的实践掌握相关的技术，积累各方面的经验。

第三，具有极限运动的挑战性。攀岩作为一项极限运动，对人的身体、毅力和心理都极具挑战性。参与攀岩运动，需要攀登者对线路的高度、难度及所用的时间（速度）不断地发起挑战，每次攀登都是不断地遭遇困难并战胜困难的过程。它充分体现了人与自然相互交融的和谐，人们通过攀岩展示了力量、勇气与智慧，岩壁也因为攀岩者的到来而更加充满活力和魅力。

第四，具有竞技运动的观赏性。自 20 世纪中叶开始，攀岩作为一项竞技运动在世界各地得到快速普及推广，目前，已在比赛场地、装备器材、规程规则、项目设置、竞技水平、媒体宣传等各个赛事组织方面日趋成熟完善，并已达到了很高的水平。加上攀岩比赛场面惊险刺激，运动员动静结合、刚柔相济，集中展现了攀岩运动"岩壁芭蕾"之美感，具有良好的观赏性。

第五，具有大众运动的参与性。随着攀岩场地条件的不断改进和装备器材的不断改良，攀岩运动的安全性大大提高，这为大众参与提供了必要条件。目前，攀岩已成为都市白领追求时尚、放松心情的理想选择，成为对广大青少年进行素质教育的有效途径，成为众多户外运动俱乐部引以为傲的拳头产品，成为拓展培训中不可或缺的挑战项目。攀岩运动正以前所未有的势头吸引着广大爱好者的参与。

第六，具有复杂运动的创造性。攀岩是一项复杂运动。攀登者在攀登前要根据不同的岩壁、不同的线路及个人的身体状况做出相应的攀登计划与方案，并在攀登过程中对新出现的情况不断地做出调整，采取新的应变对策（第二方案或备用方案）。对竞技攀登来讲，由于比赛多采用封闭式的攀登，这就更需要参赛选手时刻保持清醒冷静的头脑，迅速果断地选择最佳攀登动作与路线，任何失误，哪怕仅仅是一个不合理的动作都将导致失败。这种复杂性同时也决定了攀岩运动具有无限的创造性。攀登的线路可能在天然岩壁上，也可能在人工岩壁上；线路的角度可分为俯角、直角、仰角和屋檐四种；线路上的支点类型分为抠、按、捏等；每个支点的方向及支点之间的位置和距离又是不确定的。所有这些都决定了攀岩没有完全固定的动作，要想做好就必须不断地实践并努力去创造新的动作，充分发挥自己的想象力。也正是这种永无止境的创新，才赋予了攀岩运动无限的生命力。

综上所述，攀岩运动从不同的角度体现了运动场地的唯一性、探险运动的危险性、极限运动的挑战性、竞技运动的观赏性、大众运动的参与性及复杂运动的创造性等特点。

（二）攀岩运动的功能

体育已成为人类社会生活的重要组成部分，对人与社会产生了深刻的影响，其作用和功能从传统方面包括健身、教育、娱乐、经济等方面。

1. 攀岩的健身功能

攀岩运动对人的身体素质要求全面、协调发展。首先，在力量素质方面需要上肢、下肢和躯干（人体中心）的平衡发展，同时还需要有爆发力和力量耐力的有机结合；其次，在这些力量素质的基础上还需要有良好的柔韧性、协调性和灵敏性，以及很好的身体平衡能力。

增强体质是体育的本质功能，也是体育能在人类社会中长盛不衰和持续不断存在的原因。通过体育手段来实现增强人的体质的目标，促进人自由、全面地发展，这正是体育的独特之处，也是体育区别于其他社会活动和事物对人和社会作用的根本点，并且具有不可替代的基本特征。

体育运动的健身功能具体体现在：能改善和提高中枢神经系统的工作能力；能促进肌体的生长发育，提高运动系统的技能；能提高内脏器官的机能；能提高人体的适应能力；能提高人体免疫能力等。

2. 攀岩的教育功能

人们在进行体育运动时，特别是在运动训练过程中，要克服许多由体育运动产生的特有的身体困难，体验到很多在正常条件下不可能获得的身体感受。这也是人们在从事其他活动过程中很难体会到的身体感受。它对一个人的内在意志品质具有特殊的培养和陶冶作用。强筋骨、强意志、调感情是体育的特殊功效，可以起到"文明其精神，野蛮其体魄"的作用。体育的这些功能对青少年的意志品质的培养作用尤为重要。

攀岩的攀登过程和平时的训练过程，其实质就是一个永无止境地向困难进行挑战的过程。攀岩者在攀登一条线路的过程中要接受恐高、脱落，甚至冲坠等威胁和挑战。而当攀岩者攀登完一条具有一定难度的线路后，他一定还会向另一条难度更大的线路发起冲击。所以，攀岩运动能培养人们，特别是青少年勇于攀登、永不言弃的良好意志品质，改善和自我修复恐高等心理因素的影响。

另外，攀岩作为一个较为成熟的竞技项目，能有效地培养人们的竞争意识和团结协作精神。没有强烈的取胜欲望和良好的团结协作精神，在体育竞赛中就不可能取得胜利。攀岩比赛主要有速度赛、难度赛和攀石赛，这三种形式分别体现了奥林匹克"更快、更高、更强"的体育运动精神。所以，参与攀岩比赛还能培养运动员公平竞争、团结协作的良好社会意识。

3. 攀岩的娱乐功能

体育所具有的娱乐功能主要通过两个方面表现出来：一是由于体育本身所特有的魅力；二是人们参加体育运动所得到的乐趣。从攀岩运动的特点可以很好地说明攀岩运动独具魅力，它集竞技、娱乐、观赏于一身。

4. 攀岩的经济功能

体育是人的活动，特别是体育成为一种很多社会成员参加的经常性活动后，总是在一定物质消费的基础上进行的，必然要消耗一定的人力、物力和财力。因此，与体育活动相关的装备、器材、服装和体育场地设施等需求就会随之产生，体育产业作为社会经济的组成部分正在不断地向前发展。

目前，攀岩运动领域已形成了较为成熟的专业装备、器材和服装的生产、批发和零售体系，有了人工岩壁建造和自然岩壁开发的专业公司，有了专门用于经营攀岩活动的岩壁场馆和俱乐部，有了政府和企业相结合的商业性攀岩赛事。所有这些都表明，攀岩作为体育大家庭的一员，在社会经济活动中正发挥着越来越重要的作用。

5. 攀岩的其他功能

因为攀岩运动具有探险运动、极限运动的特性，这使得它在军事、科学探险、救援与逃生等领域还具有其特殊的功能。例如：在军事领域，利用攀登技术和单绳上升、下降技术可以在山地野战和城市巷战中达到出奇制胜的效果；科学探险主要用于洞穴考察、山峰考察和极地考察；救援与逃生主要用于发生高层建筑火灾、山区地震、景区游客坠崖等情况。

二、攀岩运动的分类

（一）按照场地类型分类

第一，自然岩壁攀登，即在自然形成的岩壁上攀登，一般攀登线路需要提前清理、开发。主要优点是：能充分融入自然，能不断发现新线路，有机会攀登多段线路，更具挑战性等。主要缺点是：危险性较大，受气候影响较大，一般远离市区等。

第二，人工岩壁攀登，即在人工设计建造的岩壁上攀登，主要包括室内攀岩馆和室外攀岩场。主要优点是：安全性高，受气候影响小，交通便利，更具观赏性等。主要缺点是：岩壁造型相对固定，攀登线路创新有限，室内空气往往较差等。

（二）按照攀登方式分类

第一，自由攀登，即不借助任何器械的力量而完全靠攀登者自身力量进行的攀登。这种形式在我国占主导地位，较符合体育运动的含义，主要考验攀登者在难度、速度和攀石等方面的综合攀爬能力。自由攀登又可分为运动攀登和传统攀登。

运动攀登即在已经设置好安全保护点（站）的线路上攀登。这种攀登非常安全，易于开展，主要用于竞技比赛、运动员训练和初学者体验等。

传统攀登即在预先没有设置任何人为保护措施的线路上攀登。一切保护措施需要领攀者在攀登过程中根据线路特点，凭借其已经积累的经验，选用合适的装备来临时设置，跟攀者又会收取所有这些设置在线路上的保护装备，从而整个攀登过程原则上不会留下任何装备，不会破坏任何岩壁表面，所有传统攀登可以认为是一种"绿色攀登"方式。这种攀登危险性较大，需要攀登者具备丰富的器械使用和攀登经验。

第二，器械攀登，即可以借助器械作为攀登工具的攀登形式。这种形式主要用于大岩壁攀登和自然岩壁线路开发过程，需要攀登者具备更加丰富的器械使用和攀登经验。

（三）按照保护方式分类

第一，顶绳攀登，即保护点设在线路顶部的攀登。与其对应的是上方保护方式。这种形式要求保护点非常安全，攀登者一直处于保护点下方，整个攀登过程不会发生冲坠，相对安全。一般适用于攀登线路角度小于120°的情形。

第二，先锋攀登，即保护点已经用膨胀钉和挂片器材预先设置在攀登线路沿线（若是传统攀登保护点则需要临时设置），攀登者在攀登过程中依次将保护绳扣入这些保护点（含快挂）上的攀登。与其对应的是下方保护方式。这种形式攀登者可能会发生冲坠，相对顶绳攀登较为危险。一般适用于大仰角（大于90°）线路的攀登。

第三，自动保护器攀登。攀岩自动保护系统，专为攀岩行业设计。自调节磁性制动系统，符合国际安全标准。磁性非接触式设计最大限度地减少部件损耗；可根据攀登者的体重自动调节阻力大小，下降平稳；下降警示音可提醒攀登者及周围人群。攀岩自动保护器的特点是减少人为操作保护的不确定安全因素，一般适用于无大仰角及不规则线路的攀登。另外，为了安全，使用前要做习惯性的检查和年度检测保养。

第四，其他有保护措施的攀登。随着攀岩运动的发展和新材料的发明，像攀石、深水攀等新型攀登方式不断涌现，海绵垫、充气垫、强力安全网甚至水池等安全保护措施也随之用于攀岩保护，并取得了良好的效果。

（四）按照比赛项目分类

目前，国际上主要的攀岩比赛项目有速度赛、难度赛和攀石赛，与其对应的分别是速度攀岩、难度攀岩和攀石，这三种形式充分体现并完美诠释了奥林匹克"更快、更高、更强"的体育运动精神。

第一，速度攀岩，即采用顶绳攀登，上方保护，以追求完攀线路的速度为主要目标的攀登。与其对应的速度赛是指运动员们依次攀登由定线员在赛前专门设定的速度线路，以完攀线路的时间为成绩的比赛。速度越快，成绩越好。

第二，难度攀岩，即采用先锋攀登，下方保护，以完攀具有一定难度的线路为主要目标的攀登。与其对应的难度赛是指运动员们依次攀登由定线员在赛前专门设定的难度线路，在相同的关门时间内以攀登高度为成绩的比赛。高度越高，成绩越好。

第三，攀石，也被称作"抱石"，指在没有绳索保护的状态下攀登一般不超过 5 米高的岩壁的攀岩运动。一般采用海绵垫或充气垫保护。由于没有绳索的影响，这种方式可以最大限度地发挥攀登者的极限攀登能力。与其对应的攀石赛是指运动员们依次攀登一系列由定线员在赛前专门设定的短而难的线路，以完攀这些线路的数量为主要成绩判定依据的比赛。完攀线路的数量越多，成绩越好。

三、攀岩运动教学的实践

（一）攀岩课程的开课条件与教学步骤

1. 攀岩课程的开课条件

（1）开课的硬件条件。场地设施硬件。学校攀岩课教学训练课要具备一定的条件方能正常进行。攀岩场地、器械装备是课程开设的硬件设施和前提。为了保障教学的安全，一般均选择在校园内修建人工攀岩场，岩场的规模、风格各异，可根据各个学院的类型、规模、环境、资金投入及校园文化等来做出最适宜的选择。而自然岩场一般不用于正常的攀岩课堂教学，一方面，因为自然岩场的不可控因素较多，很难保证班级教学的安全；另一方面，受教学时间等条件的限制，很难协调野外攀岩课同其他课程之间的冲突。由于攀岩教学场所的特殊性（高空性、危险性），所以对攀岩教学的器材与装备均有十分严格的要求。

（2）开课的软件条件。攀岩师资与合理的班级编组是攀岩教学开展的软件基础。攀岩是具有一定潜在危险性的体育运动，它新颖、独特、刺激、富有挑战性，也更迎合当代学生求异与挑战的心理需求，但由于攀岩运动自身的特殊性，稍有疏忽便会造成严重的教学事故，因此，它对任课教师的攀登技术与理论的掌握、责任心及组织管理能力等方面有着十分严格的要求，以保障教学训练的安全。攀岩教师必须经过严格正规的专门培训方可担任。目前我国攀岩教师十分缺乏，远远适应不了当前攀岩运动在大中小学的开展。加强各级各类学校、俱乐部攀岩教师、教练员的培训工作是我们全面开设、推广攀岩运动所必须完成的重要任务。

攀岩课班级教学不同于其他体育运动项目，因它本身的危险性因素较多、不可控因素较多，给安全教学组织带来一定的压力与困难，因此，学生班级人数不宜太多，要控制在一定的范围之内。另外，在教学中，可以根据班级学生的实际情况采用适宜的分组，如一对一、两人分组教学等。

2. 攀岩课程的教学步骤

"教育是我国攀岩运动可持续发展的根本。"[①] 攀岩运动的人才资源应该依靠教育，为攀岩运动的可持续发展源源不断地输送人才，提供不竭的动力。攀岩课的基本教学步骤同其他体育课教学一样，一般主要分为以下三个步骤。

（1）制定课程标准。课程标准是进行攀岩课程教学的总体要求，主要包括课程的形式、目的、基本教学要求、教学内容、学时分配、技术评定标准与考核办法等，具有课程教学的目标性与计划性。

（2）编写教学日历。教学日历是每学年、学期课程教学的初步计划，是顺利完成课程标准的保证。

（3）编写教学日志。教学日志是对课程标准与教学日历具体实施过程的记录，是完成教学任务的基本保证。教学日志可根据教学过程的实际情况及时、适当地做出调整。

（二）攀岩教学的原则及安全意识

1. 攀岩教学的原则

（1）循序渐进性原则。循序渐进原则的重点是要注意技术动作学习的难易与运动负荷量的调节。一方面，在攀岩教学训练内容和运动负荷的安排顺序上，应根据学生的实际水平，遵循由易到难、由小到大逐步提高的原则；另一方面，在制订和实施教学训练计划时，应注意合理搭配难度训练、强度训练与调整训练，避免教学训练安排的随意性。

（2）课程设置的合理性原则。一般认为，一位教师的班级教学人数在20~30人最为安全，而30~40人的班级，应该合理安排两名教师同堂授课。对于普修的学生，一般安排30~40学时较为适宜；而专业学生可安排60学时。普修班级的学生主要掌握基本攀登技术、垂降或下降技术、保护技术、器械的规范操作技术及保护点的设置技术和身体素质训练。而专修班的学生应增加先锋攀登技术、先锋保护技术、教学方法与手段以及战术训练。

（3）系统性原则。攀岩运动俗称"岩壁上的芭蕾"，攀登者在岩壁上的闪、展、腾、

---

① 肖随龙，黄河. 奥运会背景下我国攀岩运动的可持续发展研究［J］. 长江工程职业技术学院学报，2018，35（04）：66~68.

挪、跳跃等，都对其力量、耐力、柔韧、协调、灵敏和心智等运动素质要求较高。在日常练习中，必须注意训练的系统性，严格控制不同阶段训练任务与内容安排的合理性与前后衔接。

（4）区别对待原则。攀岩教学训练中，由于每个学生的身体、心理、智力等方面都有着不同的差异，因此，每个学生的承受能力、恢复能力及对技术的掌握与理解等也就各有不同，要使教学训练科学化就要考虑针对不同类型的学生制订不同的教学训练计划，做到区别对待。

（5）注意动态原理的运用原则。在攀登教学训练中，无论是基本攀登技术的教学、攀登技巧的运用，还是攀登者的体能训练等，都不是一成不变的，而是一个动态的过程。因此，攀登教学训练过程要有一定的弹性，制订教学训练计划、负荷的安排与调控以及基本技术的掌握与运用等，都要在一个动态的过程中进行。

（6）注意在教学训练过程中运用反馈原则。攀登课的教学训练中，要注意两个方面的反馈：①在教学训练过程中，要注意搜集每个学生反馈的训练信息，以便合理地修订教学训练计划；②根据岩场支点与造型的千变万化以及学生的身体、心理状况，设计出更能反映攀岩运动和动作技术学习规律的教学训练方式，进一步提高教学训练效果。

2. 攀岩的安全性意识

攀岩是具有潜在危险性的体育运动，其活动场所的特殊性（大都在悬崖峭壁或人工岩墙上进行），决定了在攀岩教学训练中安全意识教育、培养的重要性。在攀岩教学训练中，安全是第一位的。因为在攀登过程中，一旦发生意外很可能就会危及攀登者的生命。因此，在进行攀岩课的教学训练时，首先要保证上课人员的安全。在有安全保障的前提下方可进行教学与训练活动。

安全保障不仅是指对攀岩场地、装备的严格要求与规范操作，更重要的是建立一种意识——安全意识。当走进岩场准备攀登时，就应该先考虑安全问题。这不仅要求攀登者注意自己的服装、做好充分的准备热身练习和思想动员，还要求攀登者严格遵守岩场的行为规范和教学训练课的组织纪律，树立强烈的责任心，团结互助。在练习中，要注意保持正确的身体姿势与动作及适宜的运动负荷，预防运动损伤的发生。

在攀岩课的教学中，一方面由于学生人数较多，身体差异大，且安全意识淡薄；另一方面，由于攀岩课大都在户外教学，学生注意力容易分散，也易于冲动和急于表现，如果组织管理不善，稍有不慎便会导致意外事故的发生。因此，在教学训练过程的始终都要建立较强的安全防范意识，避免发生危险，必须注意以下要点。

（1）保证安全是最重要的责任，危险就潜伏于习惯中，要养成安全操作的习惯。

（2）仔细阅读装备使用说明，它关系着人的生命。

（3）攀登者之间相互检查，确认装置已经装备好。

（4）攀登前应先热身，保证全身关节都活动开。加强肌肉柔软度训练，可避免受到伤害。培养正确的训练方式、改正易受伤的攀登姿势、习惯或风格。

（5）攀登者对保护者喊"准备攀登"，保护者回答"开始攀登"后，方可开始攀登。

（6）保护者在保护过程中注意力必须高度集中，多观察，了解攀登者及其习惯。

（7）攀登时尽量将动作做到平衡，使压力由各肌群平均分担。避免将关节伸展至极限，否则将对周围肌腱或组织造成伤害。如果支点不在体力的负荷范围内，切勿逞强尝试。为使肌肉平衡发展，须同时训练与肌纤收缩相反的力量。

（8）依照个人能力决定训练强度。

（9）逐步提升训练强度，给予身体足够的适应期。

（10）勿因观众的压力或期望，做出超出体能负荷的动作。

（11）攀登者登顶后，大声对保护者喊"准备下降"，当保护者回答"开始下降"后，攀登者开始下降，同时注意下降的身体姿势。

（12）在受伤时须尽快变更计划，切勿求胜心切而使伤情加重。

（13）勿忽略发炎肿痛的症状，否则将延缓患部的复原。无论症状多么细微，皆须保持警觉和积极防范。

（14）勿过度依赖止痛剂，因其在消肿止痛的同时，亦将掩饰患部所发出的警讯，并降低自我免疫力。

（三）攀岩教学与训练的类型

1. 攀岩教学的类型

攀岩教学课的基本类型主要有保护技术教学、基本攀登技术教学、先锋攀登技术教学、速度攀登技术教学、攀石技术教学以及上升与垂降技术教学等。在教学过程中，要注意以下六点。

（1）学生的合理分组（如一对一、两人分组互助教学）。

（2）注重教学团队建设。经过合理分组组建一个个小团队，通过加强团队建设来培养学生的互助精神与团队意识。

（3）器械的规范合理操作。器械的规范合理操作是攀岩课安全进行的保证，尤其是在保护和下降技术操作中。

（4）加强学生基本攀爬能力练习。

（5）短程向上攀爬练习。

（6）全程攀爬练习。

攀岩保护技术主要有法式保护技术和美式保护技术，可采用先在地面固定模拟收绳保护练习，熟练后再进行攀爬保护练习；先进行两人组合保护练习，再进行单人保护技术练习。基本攀登技术主要是学习器械规范操作和基本手法、脚法、身法及攀岩的节奏等。先锋攀登教学可以首先在地面进行扣快挂技术动作练习，然后进行顶绳保护先锋攀登扣快挂练习，最后再进行先锋攀登练习。速度攀登可以先进行短程双排线（楼梯路线）攀登练习，再进行全程双排线节奏攀爬练习，以及双排线加单排线路线练习。

2. 攀岩训练的类型

（1）身体素质训练。攀岩的身体训练与一般体育项目的身体训练大体相同，主要包括力量、耐力、速度、柔韧、协调及灵敏素质的训练，但是攀岩训练的内容与要求更全面和深入，尤其是对攀登者的手指力、协调性与平衡性的要求较高。

第一，力量素质训练。根据力量素质和体重的关系，力量素质可以分为绝对力量和相对力量。由于在攀岩运动中，攀登者需要克服自身的体重向上攀登，因此也更为重视相对力量的训练。所有攀岩力量训练以相对力量训练为主，另外还需要提高爆发力及快速力量的水平，用于通过一些难点和速度攀登。根据攀岩运动项目的特殊需要，要更加强调手指关节、脚趾关节、踝关节及中枢部位肌肉群的力量训练。

第二，耐力素质训练。攀岩运动中，不同攀登形式的耐力素质是不一样的。对速度攀登来说，以速度训练为主，所以耐力素质的发展也是以速度耐力为主，即要更多地发展攀登者的无氧耐力水平。而对难度攀登者来说，则更多地需要强调其有氧耐力的发展水平，重点抓好局部肌肉耐力水平的发展。

第三，速度素质训练。速度素质在速度攀登中尤为重要。攀登者的反应速度、动作速度及移动速度等是速度训练的重点。在难度攀登中，速度素质也占有十分重要的地位，能快速地通过困难段路线及难点往往能节省大量的体力，有利于攀登路线的顺利完成。

第四，柔韧、协调与平衡训练。攀岩运动是一种不断追求身体平衡的运动，从这一意义上说，它对攀登者的柔韧性、协调性及对身体平衡能力的控制要求较高。因此，对于攀登者肩带关节、髋关节及腿部等的柔韧性训练、上下肢与躯干间动作的协调配合和对身体平衡能力的不断调整、控制的能力是训练的重点。

第五，灵敏素质训练。灵敏素质在攀岩运动中，充分体现在攀爬过程中，一个动作的完成通常需要与不同的方法及全身协调配合相结合，其中任何一个环节的失误都会造成技术性脱落，所以在日常训练中，适当安排灵敏素质的训练是十分必要的。

（2）攀登技巧训练。攀登技巧训练主要包括手、脚的技巧学习与训练、身体姿势及移动技巧的学习与训练和攀登器材的正确使用技术的学习与训练。

（3）心智与战术训练。攀岩运动对攀登者心智能力有较好的锻炼效果。攀爬中路线的选择与放弃、难点的大胆尝试与攻克等无不对其心智能力提出较高的要求。许多攀岩者容易忽略恐惧感、焦虑等情绪对攀岩表现的影响，以及缺少对攀登路线、技术动作、器械操作和休息与抹粉时机等的充分思考，这对攀登的极致表现有很大影响。

（四）攀岩教学的实施

1. 攀岩教学的准备

（1）教学方案与计划的制订。在进行攀岩教学训练前，应详细地制定出课程标准，并结合学生、场地、器材装备等的实际情况，制定出全面、细致、行之有效的教学训练日志，并在教学训练实践中根据实际情况及时做出适当的更改。

（2）教学训练前的思想动员。教学训练前的思想动员也即课前动员，主要解决学生三个方面的问题：①端正学习训练态度，树立安全意识，保证安全；②发现和解决不利于教学训练的不良心理因素，保证学生在增加对保护人员充分信任的基础上保质、保量地完成教学训练任务；③帮助学生树立责任感与培养团结互助、勇敢顽强的精神。

（3）装备、器材的准备。学生在练习前，尤其是在攀登较高的建筑物和岩壁时，一定要仔细检查所有的器材装备，确保安全使用。

（4）攀岩场地的检查。课前要充分了解场地的特点，并对易发生危险的位置做出预测，以便在教学训练中采取有针对性的措施预防危险的发生。

2. 攀岩教学的编组

（1）教学编组的目的。攀岩教学训练前，必须对所有学生的身体、技术情况进行一次认真、细致、全面的调查，然后根据调查的结果和教学计划的要求进行合理的编组。编组主要是为了顺利地进行技术教学，合理贯彻区别对待教学原则，突出训练的重点环节，克服、解决教学训练中出现的难点，提高教学质量。

（2）教学编组的方法。攀岩教学编组与其他体育项目教学相比比较有特点。一般来说，根据保护来进行编组是较为常用的教学编组方法。通常较低的建筑物攀登采用集体分组教学的方法，而对于较高的建筑物和岩壁攀登，则采用一对一、两人分组的教学方法。此外，也可以根据学生素质、技术的不同，而把不同素质水平或技术水平的学生编到同一组，从而促进整体教学水平的提高。

3. 攀岩教学的过程

学校攀岩教学训练过程主要包括基础训练阶段、专项训练阶段及保持发展阶段三个阶段：在攀岩基础训练阶段，要求学生主要掌握基本攀登技术，提高耐力水平和技术水平；在专项训练阶段，主要提高专项运动能力和技术水平；而在保持和发展阶段，则主要是进一步加强攀登能力训练，保持和提高攀登技术水平。

4. 攀岩教学的注意事项

（1）攀登岩壁前要做好充分的准备工作，检查必需的装备是否带齐，保护装置连接是否正确。

（2）正式攀岩之前，要做好热身运动及思想动员，这样不但可以使身体各运动关节、肌肉充分活动，还可以减轻攀登者的心理压力，最终达到身心准备的最佳状态。

（3）观察规划好最佳攀爬路线，注意可能遇到的困难点，做好克服难点的准备。

（4）攀爬动作一定要做好"三点固定"，谨防蹿跳式攀登。

（5）攀登途中遇到浮石或松动的石块，不要乱扔，要放置在安全处或通知下面的同伴注意后再做处理。

（6）重视安全保护工作，攀爬者和保护者要密切配合，没有充分安全的保护措施要拒绝攀岩，不要冒险攀登。

（7）在攀登中，切忌抓草或小树枝等作为支点。

（8）攀登者不能戴手套攀登，野外攀登时要戴好安全帽。

（9）在攀登过程中，要保持镇静，切忌惊慌失措。

第二节　高校体育跆拳道项目及其教学实践

一、跆拳道的教学意义

跆拳道教学，是教师有目的、有计划地向学生传授各种不同的技术技能，与此同时，将道德素质、文化素质的思想融入跆拳道的教学之中，以素质教育、知礼爱国、启智育心、强身健体的教育理念为指导，通过全方位、多层次的教学方法，培养学生体育服务意识、终身学习和信息加工的能力。学生学习跆拳道不仅能增强体质，还能增进心理健康，培养其良好的社会适应能力及道德水平，因为跆拳道不仅是体育，更是德育。

跆拳道的"跆"字，意为像台风一样猛烈、强劲地跳、踢的"脚"；"拳"是拳头之意，是用来防护和进攻的武器；"道"是指人生的正确道路。

跆拳道运动要求练习者不仅学习跆拳道的技术，更注重对跆拳道的礼仪、道德修养的学习和遵从，每一次练习都要求"以礼始，以礼终"，培养人的礼仪、忍耐、谦虚和坚忍不拔的精神。这对学习者尤其具有特殊的教育意义。

礼仪、廉耻、忍耐、克己、百折不屈，是跆拳道精神中最重要的五个方面。

第一，礼仪，高尚的礼节、高尚的话语、高尚的行动。

第二，廉耻，懂得廉耻的心。

第三，忍耐，忍耐一切困难的精神。

第四，克己，以坚强的意志战胜自己的精神。

第五，百折不屈，遇到困难而不屈服的精神。

跆拳道中的"礼仪"是跆拳道基本精神的具体体现。跆拳道练习虽然是以双方格斗的形式进行，但是不管它怎样激烈，由于双方都是以提高技艺和磨炼意志品质为目的，所以在双方各自内心深处都必须持有向对方表示敬意和学习的心理。因此，在练习或比赛前后都一定要向对方敬礼，即跆拳道运动始终倡导的"以礼始，以礼终"的尚武精神。"礼仪"是跆拳道运动必不可少而且十分重要的组成部分。

跆拳道提倡"以礼始，以礼终"的精神，这是一种谦让和宽容的运动精神。练习跆拳道，可使人具备一定的反应力、判断力、统率力，并使人自信、自卫、自主、自立，培养民族卓越之精神。

二、跆拳道的特点和作用

练习跆拳道能培养练习者吃苦耐劳、锐意进取、谦虚好学、内外兼修、注重礼仪的风格，具有强身健体、修身养性、观赏娱乐等多方面的作用，习练者始终把"礼"作为训练内容，所以深得人们的喜爱。

（一）跆拳道的特点

1. 以腿为主，手足并用

在竞技跆拳道技术运用中占主导地位的是腿法，这是因为，腿的长度和力量是人体中最长最大的，腿的技术又有很多种形式，可高可低，可近可远，可左可右，可转可旋，对对手的威胁性极大；比赛规则中规定，只允许使用一种拳的方法进攻或反击，而且得分率极低，这无疑增加了运动员腿法的使用率，也构成了跆拳道运动的鲜明特点。

另外，人体的一些主要关节都可作为攻击对手的武器，如传统跆拳道中的拳、掌、肘、肩、膝、头等亦可以用来作为攻击对方的武器，也可防御对手的进攻。这些是传统跆拳道实战中最常用、最有效的击打武器。

2. 方法简捷，刚直相向

跆拳道不论是在比赛时还是在实战中，技术动作的进攻方法都是十分硬朗简练的。对抗时双方都是直接接触，以刚制刚，用简练硬朗的方法直接击打对方，或拳或腿，速度快，变化多；防守的动作也是以直接的格挡为主，随即是连续的反击动作。防守时很少使用躲闪防守法，追求刚来刚往，硬拼硬打，尽可能保持或缩短双方之间的距离，以增加击打的实效性，在拼斗中争取比赛的胜利。

3. 以击破为测试功力的手段

跆拳道在向外推广时，大多是以击破的方式向人们展示其威猛无比的功力，因为，经过训练，人体四肢所发挥的威力是巨大的，因此，不能直接以人体为测试对象，只能用那些没有生命的物体，如使用拳、掌或脚分别击碎木板、砖瓦来作为目标，以此检验和测试练习者的功力程度。这种独特的方法现已成为跆拳道训练、晋级考试、表演、比赛的一个主要内容。

（1）发声扬威，强调气势。跆拳道项目无论是训练、比赛、品势还是功力测试，都要求运动员在气势上给人以威严，多以发出洪亮并带有威慑力的声音来显示自己的能力。发声，能提高自己的中枢神经系统的兴奋性，增强注意力；发声，能提高自身斗志，给对手造成巨大的心理压力，从气势上压倒对方；发声，能增强动作的爆发力，达到以气催力，提高动作攻击杀伤力的目的；发声，可以配合技术动作来提高击打效果，赢得裁判认可，达到得分的目的。

（2）礼始礼终，注重品德。跆拳道给人们留下的较深印象是：跆拳道练习者始终是在不同的场合行礼鞠躬。这是因为跆拳道练习者始终把"礼"作为训练内容。由于跆拳道是练习者精神和身体的综合修炼，要求跆拳道练习者在练习技术的同时，在道德修养方面也要不断提高自己。通过用行礼的方式向长辈、教练、教师、队友鞠躬施礼，使跆拳道练习者养成发自内心的行礼习惯，以养成恭敬谦虚、友好忍让的态度和互相学习的作风，并培养其坚韧不拔的意志品质。

（3）技术体系完善，符合奥林匹克精神。跆拳道在发展过程中，不但保留了传统跆拳道技击术，而且还将其他国家的技击术与跆拳道融为一体，不断充实和完善跆拳道的发展。推广中，技术上以踢法为主，严格控制拳法的击头动作，坚决禁止摔法的运用，主张以踢法为项目未来的发展方向。

高水平跆拳道比赛中所展现出来的强悍——攻防的转化、高超的技艺、拼搏的精神、斗智斗勇的意识，以及在赛事组织和包装等方面体现出来的浓郁的武道文化元素，不仅给人们带来强烈的视觉冲击，而且还带给人们情感的震撼和美的享受。安全是跆拳道竞技比赛的指导思想，在实际的训练和比赛中，严格惩罚运动员违规动作的运用，在这种完善的竞赛规则指导下，运动员既能充分发挥技术水平，而且伤害事故又少，体现了当今体育运动的宗旨。也正因为如此，跆拳道进入奥运会大家庭后，很快为世人所认可，成为世界上最受欢迎的搏击类体育运动项目之一。

（二）跆拳道的作用

练习跆拳道具有强身健体、修身养性、观赏娱乐等多方面的作用，是人们增强体质、陶冶情操的一项技击运动。

1. 增强体质

跆拳道运动在比赛和平时的训练中要经常临场变换技、战术，或是快速进攻，或是主动后撤再反击，或是腾空劈腿，或是后踢接后旋踢，跆拳道运动客观上对人的速度、力量、柔韧、灵敏、距离等方面具有较高要求。参与跆拳道运动对促进人的生理健康表现在能改善和提高心血管系统、呼吸系统、消化系统、神经中枢系统等多方面的功能。

在跆拳道比赛和训练中，不仅是斗技、斗智、斗勇，还需要充沛的体能和顽强的意志品质，运动员要根据场上瞬息万变的情况做出相应的反应，这就要求运动员必须具有很强的中枢神经系统的灵活性和肌肉反应速度。此外，进行跆拳道训练时，血液循环加速，以适应肌肉活动能量消耗的需要，这就从结构和功能上使心血管系统得以改善。因此，经常参加跆拳道运动对提高人的心血管系统、呼吸系统、消化系统、神经中枢系统等功能具有很好的作用，让运动者在参与活动的过程中增强体质。

2. 健体防身

跆拳道运动是武技中的一项，其项目的特点决定了它在一定范围内具有防身自卫的功能。通过跆拳道练习，掌握了对抗中攻击与防守的格斗技巧，提高身体的灵活性和反应能力，一旦身体遭受侵犯，能有效地保护自身不受或少受伤害，具备防身和自卫的能力。

3. 磨炼意志

长期的竞技跆拳道训练单调、枯燥，还时常伴随着伤痛和失败。在长期的艰苦训练和公平竞争中，运动员要做到胜不骄败不馁，兢兢业业，树立起坚定的信念去追求人生的理想。因此，跆拳道练习的过程就是对人的意志品质和心理承受能力培养的过程。

4. 修身养性

跆拳道推崇"礼始礼终"的尚武精神。其宗旨是礼仪廉耻、忍耐克己、百折不挠。训练可以培养练习者坚韧不拔、勇敢无畏的精神，养成谦虚、宽容、礼让的高尚品德和尊师重道、讲礼守信、见义勇为的情操，并影响社会。

5. 观赏娱乐

跆拳道是对抗性很强的体育项目。在功力测验中，练习者轻松击破木板、砖瓦，使人为之惊叹。竞技跆拳道不仅斗勇，更讲究比技斗智，尤其是比赛中凌空飞腿和组合腿法令人眼花缭乱，具有极高的观赏价值，人们在观看跆拳道比赛时，可以欣赏到一种击打的艺术美，同时也陶冶了人们的情操。

三、跆拳道的基本礼仪

一名跆拳道运动员的言行举止体现着他本人的道德修养和人格品行，而跆拳道训练的实质就是对一个人意志的磨炼和道德品质的完善。通过跆拳道能培养大学生自重、自强、自信、自立、互助、向上及团队协作的能力，使练习者在磨炼中培养出理想的人格，让每位学员在跆拳道的训练和学习过程中达到一种谦虚、忍让、克己、恭敬、纯朴、坦诚、诚信、服从的人格素养，使每位学员在跆拳道的训练和学习工程中，在潜移默化中，学会尊重别人的同时也学会尊重自己。

1. 敬礼

跆拳道推崇"以礼始，以礼终"的尚武精神，它贯穿"礼仪、廉耻、忍耐、克己、百折不屈"的根本宗旨。跆拳道运动极其重视礼仪，它是以敬礼的形式体现出来的。它要求练习者在学习与训练中一定要严格遵守礼仪，要学会敬礼。跆拳道中的敬礼，是表示尊重、礼貌、友好、谦虚和感谢，是一种内心思想的外在的表达方式。跆拳道的敬礼要求是：身体面向对方，并步直立，两臂自然置于身体两侧，上体前倾15°，头部前倾45°，目视地面稍停后，还原成直立姿势，行礼完毕。

2. 礼仪细则

每一个跆拳道练习者在进入训练馆之前都必须身穿白色、整洁的跆拳道道服，按照要求系好道带，光脚或穿着道鞋后进入训练场地。"以礼始，以礼终"是跆拳道练习者精神的中心思想。

进入道场时，先要向国旗行跆拳道的鞠躬礼，以此来表示对祖国的热爱，对国旗的尊重和对教练的尊敬。见到队友时也应该行礼问好，以表示友好。训练课中应时刻保持道服的干净与整洁，每次需要整理服装时要先向教练行鞠躬礼，然后背对国旗、教练及队友整理服装，整理完毕时转身面向教练行鞠躬礼，以表示抱歉，其目的是要求练习者养成干净整洁的习惯。训练中如果出现气势不够、注意力不集中、动作不到位、没有全力以赴等情况，在教练示意后应立即行礼以表示抱歉，为的是让练习者在训练过程中注意力集中，刻苦训练，减少伤害。队友之间应相互帮助，在脚靶训练和模拟实战等需要两个人配合的训练中，两个人应以相互敬礼为开始、相互敬礼为结束，必须认真负责地帮助队友做好每一个动作并及时纠正错误，两个人在交换脚靶或任何训练用品时都须用双手接送，同时行鞠躬礼，这样可以培养队友之间的团队精神和相互尊重的良好情感。

训练过程中，练习者应该严格按照教练的要求进行练习，教练讲话时练习者须跨立站好或端正坐好目视教练认真听讲，不得随意打断教练讲话，如要提问须行礼鞠躬，得到许可后才可以提出问题，得到解答后行礼鞠躬并说声"谢谢"。在比赛开始前，先要向教练敬礼，然后向裁判敬礼，在每局比赛的开始还要求向对方敬礼，以表示尊重。

在比赛中，如果红方使用了犯规行为攻击对方，当裁判员对红方做出判决时，红方必须服从和接受并向裁判员行礼以表示歉意。

在比赛结束时，应再次向对方行礼，并向对方的教练敬礼、握手以此表示感谢。在比赛过程中即使出现了误判，也要等该场比赛结束后，有礼貌地向裁判员提出问题并要求改正。

3. 礼仪精神

跆拳道的礼仪是伴随跆拳道这个运动项目的产生发展而来的。"礼仪"是人们在长期的学习与交往活动中产生并逐渐积累起来的一种行为规范，将礼仪教育渗透到跆拳道学习中，不仅有利于引导和规范学生的行为举止，加强课堂的组织纪律性，还有助于学生建立和谐的人际关系，维护和促进学生的心理健康。随着跆拳道运动进入我国，跆拳道礼仪也随之走进我国众多跆拳道练习者的心中，犹如武德一样促进着人们的思想道德水准的提升。

4. 礼仪内在表现

跆拳道的礼仪不仅是从敬礼一方面表现出来的，它还包含着人的内在的一种修养。练习跆拳道不但可以修身养性，培养人优秀的意志品质，还可以强身健体，练就人健全的体魄。竭尽全力学习和训练，会给学习者带来更多益处和收获。在练习跆拳道的过程中，要严格遵守道德规范，增强法治观念，要有忠于祖国的思想，要有爱国家、爱民族的热情，要在尊敬长辈、尊重他人、遵守规则的前提下磨炼意志。

讲礼貌、重礼仪是具有社会属性的现代人的一项重要标志，是一个人的基本素养。无论是在家庭、在学校、在社会，一个人展示给他人的首先是其文明礼貌方面的素养。是否讲究文明礼貌，不只是个人的事，而且直接影响周围的人乃至社会风气、民族尊严。一个文明礼貌的人不是自然形成的，与其所接受的教育密不可分，对青少年进行文明礼貌方面的系统指导与训练，对其文明礼貌素质的形成是大有益处的。这就是跆拳道练习者在学习跆拳道礼仪时所应注重的内在的道德修养，它随时随地都督促着我们，使我们时时刻刻都可以做到知礼守礼。

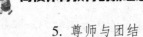

5. 尊师与团结

尊师重道是我国的传统美德，跆拳道练习者应该尊敬师长、前辈，在行为举止上要谦和礼让，恭敬地聆听师长的教诲，认真地学习并实践，好学上进，珍惜师长和前辈的辛勤付出。跆拳道练习虽然是以双方格斗的形式进行的，但是不管它怎样激烈，由于双方都以提高技艺和磨炼意志品质为目的，所以在双方各自内心深处都必须持有向对方表示敬意和学习的心理，因此，在练习或比赛前后都一定要向对方敬礼。由于跆拳道是练习者精神和身体的综合修炼，能在艰苦的练习过程中培养出健全的人格和强健的体魄，并能获得防身自卫的本领，因为练习者在精神锻炼环节中就包括"礼仪"的教育和熏陶，这对培养他们坚忍不拔的意志品质，养成恭敬谦虚、友好忍让的态度和相互学习的作风有良好的促进作用。

四、跆拳道教学的原则

教学是在教育目的的规范下，教师的"教"与学生的"学"共同组成的一种教育活动。在我国，教学是以知识的授受为基础的，通过教学，学生在教师有计划、有步骤的积极引导下，主动地掌握系统的科学文化知识和技能，发展智力、体力，陶冶品德、美感，形成全面发展的个性。跆拳道教学也是一样，它既有体育的特点，也有教学的本质，它需要以教育学、体育理论、跆拳道项目理论为基础，突出运动技能形成的一般规律，同时还要了解人体机能活动变化的特点。通过反复的身体练习调动学生认知、情感、技能的学习积极性，从而完成本项目的教学任务。

教学原则是教学必须遵守的基本要求。它既指导教师的"教"，也指导学生的"学"，应贯穿教学过程的始终。跆拳道属于对抗性运动项目，在教学实践中，只有遵循跆拳道教学的基本规律，了解和掌握跆拳道教学的基本原则才能达到教学的目的，提高教学的质量。

1. 运作规范，突出教学目标

在跆拳道教学中，教师与学生都要树立一丝不苟、求真务实的态度。学生在学习时要注意动作的规范性，严格动作的运行路线、技术要领、发力特点等，努力做到动作规范、路线清晰、发力准确，教师在教学中，要不厌其烦地纠正学生的错误动作，学生要一丝不苟地学习，直到掌握为止。另外，在整个教学中要以点带面、触类旁通，特别是在初级阶段，一定要抓住教学的重点和难点，通过刻意引导，逐步拓展学生的思维空间，精益求精，切勿贪多求快。在跆拳道竞技训练时，要突出"比赛的需要就是训练的核心"这一原则，训练中要充分考虑比赛的重点技术，切勿脱离比赛要求。

2. 突出重点技术，强调合作精神

突出重点技术是指要了解比赛的前沿动态，总结那些较为实用、得分率较高的技术，围绕这些技术进行有计划的教学训练，提高竞技水平。跆拳道是两人的对抗性项目，双人配合练习在教学训练中是必不可少的，也是必需的训练手段。双人配合的形式多种多样，有攻防技术练习、打靶练习、条件实战等。要想进行这些技术的教学，就必须要求练习者与陪练者有良好的团结合作精神，只有这样才能完成教学和训练任务，有效提高竞技水平。

3. 循序渐进，因材施教

跆拳道教学是一个系统的工程，在这个工程中的每一个细节都要遵循运动机能形成的客观规律，遵循循序渐进的原则。教学中要从最基本的手型、步型、步法、腿法等开始，要先学习技术再学习战术，遵循从简单到复杂、从单一到多样的原则，突出直观性、系统性和科学性，切不可舍本逐末。跆拳道的教学步骤可概括为五点：①学会动作；②强化体会技术及用力技巧；③配合运用；④条件实战；⑤实战。另外，学生在学习时会有一定的个体差异，教师应注意这一现象，根据学生的实际情况采用相应的教学方法，活跃学生的思维，针对他们的特点因材施教，发展个人技术专长。

4. 理论与实践结合

理论联系实际是人类进行认识和学习活动应遵循的一个重要原则，也是在教学中应遵循的一般规律，跆拳道的教学也要遵循理论与实践相结合的原则，教师在讲解示范时要生动地联系实战或比赛，进行有针对性的启发和引导，培养学生应有的实战意识。

跆拳道是直接进行身体接触的对抗项目，教师在教学中要特别注意尽量避免运动损伤的发生，上课前要充分做好准备活动，认真检查护具器材，严肃课堂纪律，练习时明确练习方法、目的、要求及安全事项，在实战和挑战实战时要充分考虑学生的差异，将技术水平相当的同学分到一组进行练习，避免以强凌弱的现象发生。

五、跆拳道教学与训练的方法

（一）跆拳道的教学方法

1. 示范教学法

示范教学法是教师以自身完成技术动作为范例，学生通过视觉感知来学习动作的方法。示范教学法是跆拳道教学中最常用的方法之一，教师通过技术示范同时配合讲解使学生了解技术动作的概念，明确技术动作的各个环节从而达到学习的目的。

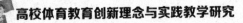

教师要熟练技术动作的各个环节，确保动作的准确性、规范性。教师进行示范时要注意"示范面"的问题。示范面是指教师示范时学生观察教师的角度，可分为正面、背面、侧面和镜面示范。

（1）正面示范是指教师与学生相对站立，此时教师所做的技术示范称为"正面示范"。

（2）背面示范是指教师背向学生站立，此时教师所做的示范动作称为"背面示范"。

（3）侧面示范是指教师侧向学生站立，此时教师所做的示范动作称为"侧面示范"。

（4）镜面示范是指教师与学生相对站立，此时教师示范的方向与学生是一致的（好像学生对着镜子练习一样），称为"镜面示范"。

教师示范的方法要突出多样性与针对性。示范时也可以利用多媒体等手段进行，但要充分考虑到速度、角度等因素。示范时动作不宜过快，要有针对性地突出动作的要点与重要环节。

示范教学要与语言讲解相结合，启发、引导学生掌握技术动作及其原理。

2. 讲解教学法

讲解教学法是教师利用语言向学生描述动作要领、教学任务、练习方法、易犯错误等相关教学环节，启发和引导学生形成正确的动作概念，从而掌握技术动作的方法。教师的语言要简短、精练，富有启发性，逻辑性要强，突出"精讲多练"的原则。讲解与示范要有机结合，做到有目的、有代表性、有针对性地进行讲解。

3. 分解教学法

分解教学法是将一个动作按照身体活动的部位和动作技术结构划分为几个部分，然后逐一进行教学示范的方法，最后达到完整掌握动作的目的。

分解教学法适用于难度较高、较复杂的动作，划分动作时要遵循人体运动的规律和动作的结构特征，要便于动作的衔接。另外，要向学生讲明动作之间的联系。分解教学和练习后要尽快使用完整教学，否则会影响学生完成动作的连贯性。

4. 完整教学法

完整教学法是指从技术动作或战术配合的开始到结束，不分部分和环节完整地进行教学和训练的方法。完整教学法的特点是保持动作结构的完整性，易于形成整体概念，但缺点是在初学阶段采用完整教学法对学生来说难度较大，不易掌握。因此，在实际教学时要将完整教学法与分解教学法结合运用。运用完整教学法时，应充分把握动作的节奏，做到快与慢的结合，即初期时动作要慢一些，待学生掌握分解动作后再提高示范和练习的速度。对复杂和难度较大的技术动作，一般要先做分解教学然后再做完整教学。

5. 模拟教学法

模拟教学法是根据学生的实际情况，模拟实战或比赛中可能出现的技、战术及场景气氛等相关因素，有针对性地进行教学和训练的方法。要设计好教学任务，如解决学生心理的承受能力、某一技术和战术问题或模拟某一对手等。

（二）跆拳道的训练方法

1. 重复训练法

通过同一动作或同组动作的反复练习，不断强化练习者的条件反射过程，有利于练习者掌握和巩固技术动作。另外，通过相对稳定的负荷强度的多次刺激，可使肌体尽快产生较高的适应机制，有利于练习者发展和提高身体素质。在跆拳道训练中，重复训练法是基本的训练方法之一，它可以应用于每一个身体训练、技术和战术训练。按单次练习的时间长短，可将重复训练法分为短时间重复训练法、中时间重复训练法和长时间重复训练法三种。

（1）短时间重复训练法可以最大限度地提高练习者肌体的高能磷化物系统的储能和供能能力，最大限度地提高练习者完成专项技术动作中有关肌群的收缩能力和爆发力，训练实践中可用于强化单招和组合技术的速度和爆发力。运用时一般采取极限强度，一般练习的时间控制在 30 秒内，每一组练习的负荷强度要保持相对稳定，突出负荷强度大、动作速度快、间歇时间充分的特点，如 10 秒钟的快速横踢腿练习、10 秒钟的规定技术组合练习等。

（2）中时间重复训练法可以最大限度地发展练习者肌体的乳酸能系统的储能和供能能力，也就是说可以最大限度地发展练习者在完成技、战术时肌肉收缩的速度耐力和力量耐力，提高练习者在乳酸供能状态下的耐酸能力。一般练习的时间控制在 30 秒~3 分钟，负荷心率应达到 170~190 次/分钟，组间休息要充分，练习的组数因人而异，如 2 分钟的反应打靶练习，重复练习数组。

（3）长时间重复训练法可以提高练习者的有氧和无氧混合代谢能力，提高在有氧和无氧代谢条件下的速度耐力和力量耐力以及练习者在完成技、战术过程中的抗疲劳能力。练习时间控制在 3~6 分钟甚至更长时间，每组练习要有充分的休息时间，如 5 分钟一组的条件实战练习，完成数组。

2. 间歇训练法

间歇训练法是指对多次练习时的间歇时间做出严格规定，使肌体处于不完全恢复状态下，反复进行练习的训练方法。间歇训练法可分为三种类型，即高强性间歇训练法、强化性间歇训练法和发展性间歇训练法。

（1）高强性间歇训练法可以发展练习者肌体的高能磷化物系统与乳酸能系统混合供能能力，强化腿法技术及组合技术的突击性攻击效果，适用于速度快、爆发力强、持续时间较短、对抗较激烈的攻防技、战术训练，训练实践应用时的负荷控制应在接近练习者的最大极限，其心率指标应在 190 次/分钟以上；负荷时间较短，应在 10 秒~1 分钟之内；间歇时间极不充分，待心率降至 140 次/分钟左右（休息 30~40 秒）开始下一次练习，根据练习者的训练水平确定练习组数。

（2）强化性间歇训练法可以发展练习者肌体乳酸能系统的供能能力，提高练习者在激烈对抗和困难的比赛条件下技、战术动作的稳定性及实效性，提高肌体耐酸能力。强化性间歇训练适用于高强度、高密度的攻防技术训练，训练实践中练习者的负荷强度应控制在本人负荷能力的 90% 以上，心率应控制在 170~180 次/分钟，负荷时间在 1~4 分钟，待心率降至 120 次/分钟左右进行下一次练习。

（3）发展性间歇训练法是发展有氧代谢系统供能能力、有氧代谢下运动强度以及心脏功能的一种重要训练方法。其适用于跆拳道技术中步法、腿法等技术的组合，使其与发展专项耐力训练及在无氧和有氧条件下代谢系统的供能能力结合起来。此方法在训练实践中运动员的心率控制在 160 次/分钟左右，负荷时间在 5 分钟以上，待心率降至 120 次/分钟后开始下一次练习。

3. 变换训练法

变换训练法是指变换运动负荷、练习内容、练习形式以及条件，以提高练习者的积极性、趣味性、适应性及应变能力的训练方法。变换训练法也是跆拳道训练中常用的方法之一，按其内容可分为三种，即负荷变换训练法、内容变换训练法和形式变换训练法。

（1）负荷变换训练法可用于身体素质训练，也可以用于技术、战术训练，应用时要根据跆拳道比赛的特征，结合重复、间歇等训练方法在不改变技术动作外形的前提下，通过变换练习强度、次数、时间、组数以及间歇时间和形式等因素满足专项训练的要求。

（2）内容变换训练法可使练习者身体素质、各种技术和战术的攻防训练得到全面的发展，应用时，练习的动作结构可为变异组合，也可为固定组合，如变换素质练习、变换技术练习、变换战术练习和变换技术和战术动作配合练习等。变换的核心是要围绕练习的性质，要符合专项的特点及运动竞赛的客观规律。

（3）形式变换训练法的运用是在不同形式的训练作用下，提高练习者的训练兴趣，提高训练课的质量，高效率地完成训练任务。形式变换的内容主要有环境变换、时间变换、内容变换、组织形式和训练气氛的变换等。通过多种形式的变换使各种技术衔接起来，刺激练习者训练的积极性，使练习者全身心地投入训练中，提高运动成绩。

4. 循环训练法

循环训练法是指根据训练的具体任务，将练习手段设置为若干个练习站，练习者按照既定的顺序和路线，依次完成每次练习任务的训练方法。循环训练法是将其他训练法综合运用进行练习的组织形式，按照组织练习的间歇负荷特征，可以将循环训练法分为三种，即循环重复训练法、循环间歇训练法和循环持续训练法。

（1）循环重复训练法在跆拳道训练中，重点是发展练习者的速度素质和速度力量素质，提高练习者在高强度情况下运用技术、战术的能力。在训练实践中常常将技术动作训练、身体素质训练和能量代谢系统的训练结合起来，进行综合性的训练。

（2）循环间歇训练法的练习负荷量较大，但每站练习后的间歇时间较短，使练习者的肌体处于不完全恢复的状态下就进行下一站的练习，这种训练法的目的是提高乳酸系统供能能力和无氧、有氧混合供能能力，提高速度力量、速度耐力和力量耐力以及练习者在疲劳状态下完成技术、战术的能力。在实践中常把高强度的技术练习与身体练习配合起来进行训练，比如，先进行1分钟的反应打靶练习，然后完成腹背肌练习各30次，完成后再进行两人一组的条件实战10分钟，最后再进行蹲起横踢练习30次。上述练习内容组间休息5~10秒钟，完成四个练习内容为一大组，组间休息时间的设置要与比赛局间休息相近。

（3）循环持续训练法是按照持续训练法的要求，各组之间不安排间歇时间，用较长的时间连续进行练习的方法。这种训练方法在跆拳道中主要用于发展一般耐力、力量耐力及专项耐力，从而提高技、战术之间的衔接能力。如在技术训练时，安排3~6个练习站，依次是横踢、前腿横踢、双飞踢、下劈踢、后踢、后旋踢六种腿法空击或打靶练习，循环数组。

5. 比赛训练法

比赛训练法是指在模拟真实、严格的比赛条件下，按比赛规则和方式进行训练的方法。比赛训练法是检验练习者体、技、心、智各种竞技能力的有效手段，也是提高练习者练习与比赛相衔接能力的重要训练过程。按比赛的性质可将比赛训练法划分为四种，即教学性比赛法、检查性比赛法、模拟性比赛法和适应性比赛法。

（1）教学性比赛法是指在训练条件下，根据教学的规律或原理、专项比赛的基本规则或部分规则，进行专项练习的方法。教学比赛可以是本队内部的对抗也可以是兄弟队伍之间的对抗，比赛时可以进行针对性的条件限制，也可以进行正式的竞赛。通过教学比赛可以激发练习者的训练激情、竞争意识，挖掘练习者的潜力，检验阶段性的训练成果。

（2）检查性比赛法是指模拟在真实的比赛条件下，严格按照比赛规则，对赛前训练过

程的训练质量进行检验的训练方法。在训练实践中，教练可通过此方法检验练习者的运动成绩、训练水平、技术质量、影响因素、技术和战术水平等，通过检查性比赛寻找训练中的不足以及失败原因，然后进行有针对性的改进，提高专项竞技水平。

（3）模拟性比赛法是指在训练的条件下，模拟真实比赛的环境或对手，并严格按照比赛规则进行比赛的训练方法。通过模拟对手可以对对手的打法、技术特长等有一个预期的适应，找出对手的弱点，并有针对性地制定相应的战略战术，做到"知彼知己，百战不殆"。通过模拟训练环境可以有意识地提高练习者排除不良因素干扰的能力，形成稳定的心理状态，为参加重大比赛奠定基础。

（4）适应性比赛法是指在真实的比赛条件下，力求尽快适应重大比赛环境的训练方法。适应性比赛是在真实的比赛环境下进行的，在适应性比赛中要制定一套完整的方案，包括赛前准备、赛中实施和赛间调整等，在跆拳道比赛中，赛前准备包括场地的适应、环境的适应、比赛时间的适应等方面，赛中实施包括练习者对所能出现的不良因素的排除，赛间调整包括练习者对影响比赛不良因素的调节和自己已有良好状态的发挥等。

第三节　高校体育定向运动项目及其教学实践

定向运动就是利用地图和指北针按照顺序到访地图上所指示的各个点标，以最短时间到达所有点为胜利的运动。定向运动通常可以在森林、郊外、城市公园和大学校园等地进行。

一、定向运动的分类与装备

（一）定向运动的基本分类

随着定向运动的发展，定向运动演变出多种运动形式，如徒步定向分为接力定向运动、积分定向运动、公园定向运动、专线定向运动、百米定向运动、夜间定向运动等。每一种定向运动又可根据参与者的性别、年龄特征，设计不同的难度路线与组别。除接力定向外，每一组别又可分为单人赛、双人赛和团体赛，还可设立男女混合赛等。目前国际上还流行着一些其他形式的定向运动，如高校定向、扶手定向、星形定向、特里姆定向等。

徒步定向运动主要是检验参与者的识图能力、野外路线选择能力、决断能力和奔跑能力等。组织者可根据参与者的性别、年龄特征设计不同难度的比赛路线与比赛组别，徒步定向运动是适合每个人的体育运动项目。

第一，接力定向运动。接力定向运动是一项团体比赛项目，其成绩的好坏取决于每个队员的共同努力程度。比赛竞争激烈，具有较强的观赏性。组织者把赛程分为若干段，每位参与者完成其中的一段，以各段参与者成绩之和评判全队的总成绩，各队总成绩在找点准确的前提下，以全队总耗时最少者为优胜。

第二，积分定向运动。组织者在赛区内预先设置好若干检查点，并在图上标明。根据各检查点所处地形的难易程度、距离远近以及相互关系位置的不同赋予不同的分值。参赛者在规定的时间内，选择理想的运动路线寻找若干或全部检查点，以积分最高者为胜利。

第三，公园定向运动。公园定向主要是在城市公园、小城镇、机关大院、居民区、校园内进行的一种定向运动。与其他定向运动的不同之处主要是参与者都比较熟悉比赛场地，地形相对简单，比赛的安全性容易得到保障。目前，致力于举办这类定向比赛的世界性组织为世界公园定向运动组织。该组织十分重视赛事的宣传和推广，对我国学校引进和推广定向运动以及定向运动的人才培养起到了重要的作用。

第四，专线定向运动。组织者只在地图上标出准确的比赛路线，参与者必须按规定的路线行进，并将途中遇到的检查点标绘到地图上。名次以标绘检查点的准确性和耗时的长短来确定。

第五，百米定向运动。百米定向就是在一块 100 米×50 米的场地内进行的定向比赛。在比赛的过程中，观众可以看到参与者比赛的全过程，而且赛场上还伴有音乐。参与者可以在出发区取到一张地图，并且在赛前分析地形，选择行进路线。

第六，夜间定向运动。夜间定向运动是定向运动的一种高难度比赛形式。夜间定向所用的器材上都附有反光材料，参与者亦需要携带用于查看地图的照明设备。夜间定向已被列为国际定向越野联合会正式比赛项目。

（二）定向运动的主要装备

1. 指北针

定向运动是一项智力与体力并重的运动。定向中读图、选择路线和标志物等都由大脑决定，因此，最重要的工具是大脑。但仅凭大脑的判断还不能获取全部信息，因此，必须借助其他工具来准确辨别方向和标定地图，最常用的工具就是指北针。

例如，PWT8M 拇指指北针具备实用、简单、高质量而又不昂贵等优势。以 PWT8M 拇指指北针示例，指北针的具体作用包括标定地图、出发时用指北针确定行进方向、途中迷失方向时用指北针走出困境、寻找点标过程中确定点标的大概位置。

利用指北针标定地图，当水平放置地图和指北针时，存在两种情况时说明地图已被定向：①指北针的红色指针指向粗红线（在 PWT 的地图中）；②指北针的红色指针与磁北方向线平行，并且方向与磁北箭头方向一致。

利用拇指指北针选择前进方向——以 PWT8M 拇指指北针为例，包括三个步骤，分别为：①将指北针套在左手大拇指，水平放在地图上，将指北针右侧的蓝色箭头从你所在的地点指向所要到达的地点；②把指北针和地图作为一个整体，水平放置在面前，你的身体和定向图与指北针同时水平转动，直到指北针的红色指针与磁北方向线平行，并且方向与磁北箭头方向一致，此时地图被标定；③此时指北针的蓝色箭头所指方向即为所要前进的方向。

利用基板式指北针选择前进方向。基板式指北针与拇指式指北针的使用原理大同小异，但使用场合和使用方法上又有所不同——基板式指北针特别适合在特征物少、植被密度低、地形起伏不大的树林中使用。具体使用方法是：首先，将基板式指北针水平放置在地图上，并把直尺边从站立点指向目标点（目标点在前，站立点在后）；其次，转动分度盘，使磁北标定线与图上磁北方向线重合或平行；最后，移开地图，并将指北针平持于胸前适当位置，转动身体，使磁针与定向箭头重合，前进箭头所指方向即为目标点方向。

2. 服装和运动鞋

对初学者来说，参加定向运动对服装并没有特殊的要求。例如参加校园和公园定向运动时，穿着只要舒适和便于活动就可以了，但如要参加野外定向运动，为了参加者的安全，双腿应受到保护，并穿长裤或类似的服装，如有可能，最好选择专业的定向服装。

选择一双轻便舒适的运动鞋来参加定向运动是非常必要的，当然，随着学生的定向技能不断提高，穿上一双性能优良的专业定向运动鞋也是一个不错的选择。

二、高校定向运动的开展价值

"定向运动作为一项新兴的体育项目，不仅可以锻炼学生的体能，而且可以培养学生读图识图、野外生存等能力。高校开展定向运动具有很大的现实意义。"[①]

高校定向运动最突出的就是健身价值，它可以强身健体，增强体质。此外，定向运动是一项富于挑战性且独立性极强的运动，要求参与者在体能极度消耗的情况下，从起点到终点都必须独立地做出所有抉择，独立地处理在运动过程中出现的任何问题，必须合理地使用指北针，进行读图和判别。与人进行追逐时，落后者难免会有一些心理上的落差，因而定向运动对参与者在智能上也有独特的要求。"定向运动的实践过程本身具备看图识图

---

① 徐良．江苏高校定向运动开展现状研究 [J]．安徽体育科技，2019，40（3）：77~79+87.

能力、路线选择能力、奔跑能力和捕捉检查点的能力，无论从提高自身生存能力还是从学习动机来看，都很容易引起学生的学习兴趣。"①

定向智能通常可以归结为从事定向运动所需要的地理学、测绘学等基础学科知识，以及视觉反应与鉴别能力、独立思考分析能力、决策与判断能力、方位感知能力、心理调整能力、集中注意力能力等，定向智能培养与提高的方法一般包括定向基础学科知识的培养与提高和定向职业能力的培养与提高两部分。

定向基础知识的培养，通过理论学习掌握与提高定向运动所需要的地理学、测绘学等基础学科知识；通过各种实践训练来巩固定向运动的基础学科知识。

定向专项能力主要包括视觉反应与鉴别能力、独立思考分析能力、决策与判断能力、方位感知能力、心理调整能力、集中注意力能力等。提高能力的方法有如下三种。

第一，采用书面形式训练，即采用侧重于认知能力的测试，从智力、知识技能、能力倾向角度出发，并以定向运动专业知识和与定向运动密切相关的学科知识为主要素材，用题目多、时间少的方式训练学生的紧迫感。

第二，图上定向智能实践练习，即在规定时间内，在定向地图上快速完成一条或几条定向比赛路线并对路线选择、运用战术做出分析，然后放下地图进行回忆。

第三，实地定向智能练习，安排不同比例尺的定向地图，在地形地貌比较细碎，明显地物少的地带或林地，设置较多点标并形成较多交叉路线的定向路线进行练习，实践的范围可根据需要调整大小，但必须使学生不断地思考。

三、高校体育定向运动的开展条件

高校定向教学的条件是指在开设定向课或开展定向运动队训练中必须保证的器材和场地。其中有一些是属于定向竞赛器材，有一些是定向教学和训练中的简单器材。

（一）高校体育定向运动的器材

1. 定向指北针

定向指北针的作用是为学生指示方位和标定地图。它与定向图配合能起到辨别和保持运动方向、确定检查点位置的作用。教学用定向指北针，除指示方位外，还必须具有测图和画定向路线的功能。教学定向指北针，是指教练员或教师用的指北针，区别于学生用的指北针，它能比较精确地测方位角。用国外进口测量方位角的指北针，还可以通过一个小

---

① 叶朝忠，张雨. 定向运动课程体系建设研究 [J]. 西安体育学院学报，2013，30（3）：375~378.

窗口将方位角测得非常精确。国内生产的指北针其灵敏度和精度均可满足一般的定向教学使用。如果需要专业修测定向地图,则需要一些测量专业用的专业指北针。

2. 检查点标志

检查点标志简称"点标",是定向比赛必需的场地器材之一。点标是设在现场各检查点上的小标志旗。它是学生寻找和辨别检查点的依据。检查点标志的大小、醒目程度将直接影响学生水平的发挥,所以,国际定联对点标的尺寸和颜色等都做了规定。标准点标由三面红、白两色旗组成,每面旗高、宽均为 30 厘米,沿旗面的对角线将旗分成白、红(一般为橙红色)两色,用布制作,上沿或上下沿用铁丝做框架。可以撑成三角形状,可以悬挂或做其他设置。传统的点标上半部白色处印有该点标的代号,通常用 2 位或 3 位数字表示。字高 7 厘米左右,清晰醒目,便于识别。

近年来,在国际定向比赛中由于电子打卡系统的使用,点标代号改设在相应点标的卡座或制式悬架上。原来白色处可印公益广告或赛会名称或赞助商标等内容。教学用点标可以使用标准点标,也可以使用小点标或纸质小点标。这种点标是为了方便教学和训练而将它按比例进行缩小而成,其样式、作用与标准点标相同。

夜间定向点标,必须涂有强反光涂层,以便学生在头灯照明下很快地找到目标。

3. 点签与检查卡片

点签通常指机械打卡器,是给学生卡片打印记的工具。点签与点标相互配合,不同的检查点所打印出的印记是不一样的。常见的钳式点签是一种用电木或硬塑料做钳架,用钢针打印记的钳子,有若干钢针。由于钢针的排列和个数(一般不少于 5 根钢针,最多 9 根)不同,可在卡片上打印出不同的图案。

检查卡片是学生用来打印检查点标记的纸质卡片,是学生表明已经通过检查点的依据,也是判定成绩的依据。现定向比赛中通常将印记直接打在规定的定向图边缘空格处。

4. 电子打卡系统

电子打卡系统是一种目前定向比赛中用的打卡计时系统,是目前最流行和最公正的定向打卡计时系统。电子打卡系统由指卡、检查点卡座、起终点卡座和打印机等设备组成。

电子打卡系统有四个特点:①使用方便快捷。指卡是一个小巧的塑料小牌子,可以方便地系在手指上。使用时只要对准检查点打卡器卡座的正面方向一按就完成打卡。②检卡快速准确。由于使用计算机检卡,还能将各点之间的用时情况和总耗时很快地显示出来,无须安排终点专门计时员。③能及时地将结果打印出来,学生一到终点便可得到自己各点耗时结果的打印纸条,便于学生回顾总结寻找检查点的情况。④电子卡由于是塑料和高科技的产物，所以不用担心雨水或露水、树丛等导致卡片的损坏。电子打卡系统在百米定向训练和教学中有非常大的作用。

5. 夜间定向头灯

头灯是夜间定向的照明器材，使用定向头灯，配合强反光点标，学生能很容易地找到目标。头灯有热光源和冷光源两种，冷光源的头灯耗电量约为热光源的1/6。夜间定向教学或定向比赛，必须备有定向头灯。

6. 比赛器材与设备

高校定向比赛中，除上述器材外，还必须准备运动员号码布，起点与终点设备及途中用品等器材。如果是定向接力赛或接力赛教学、训练，则要求号码布具有与众不同的号码编号，编号位数则可视比赛规模和比赛实际情况而定。

定向比赛起点、终点和途中的设备、用品较多，一般有出发点和终点横幅、时间显示器、发音器、图箱、通道绳、计时器、扩音器、成绩公布栏、急救药品和桌椅等，使用电子打卡器的还必须有手提电脑、打印机等。

在定向训练和定向教学中对于上述器材和设备则根据实际情况而选用。

（二）高校体育定向运动的场地

高校定向运动比赛的地形多数选择丘陵地。这种场地上具有一定数量的校园通道、马路、场馆、花园、教室楼群，树木覆盖，中等起伏，等高距相差较小，地形细部丰富，小地物多，通视区域有限，可以利用的地表覆盖物较多，不可通行地域较少。在以上此类地形中，可以设计出不同等级难度的教学、训练和比赛的定向路线，以适应不同水平能力和年龄组别的学生进行定向教学比赛要求。

学校开设定向运动课程，从普及和安全等因素考虑，可以选择学校校园、附近公园、大学城或城郊社区作为教学、训练和比赛的理想场地。

第一，学校校园。学校校园是学生学习和生活的场所，也是开展定向运动的首选地方。现在不少校园都新建在城郊，面积大、景观美，并兼有山水等人文和自然景观，是较理想的定向教学场地。近年来，国际公园定向组织在中国修测了不少定向地图，其中有一半是大学高校定向地图。

第二，附近的公园。公园是进行定向教学和训练的理想场地。公园与校园相比，地物和地貌更具有多样性，用作定向依据的小特征地形更丰富。不少公园均具有森林地和丘陵地的特征，加上学生的陌生程度要比校园大，在这种环境中进行定向教学，能充分培养学生的定向技能和思维能力。

目前，我国不少公园，如烈士陵园等，都实行免费对公众开放，这无疑对定向运动的普及起到积极的推动作用。

第三，大学城。在大学城开展定向运动，优势在于现在很多高校都集中在一起，校与校相连，形成一个很有特点的地理环境，而且学校之间无院墙相隔，只用树木象征性地隔开，可以达到学校之间资源共享的目的，这样就为进行定向运动的教学与训练提供了绝佳的场地优势。学生不仅非常熟悉周围的环境，而且大大地提高了学生学习定向运动的兴趣，激发了他们的才智。

第四，城郊社区。大学城一般都建立在城郊接合处，不仅有许多建筑物、城郊社区、公寓，而且还有小树林、河流、小山丘、田埂水渠等可用作定向训练和教学的地形地貌。这些地形地貌有平坦开阔处，也有一定起伏和视觉局限处，比较适合开展定向运动的教学、训练和比赛。对有条件的学校，可以把定向训练和定向后期教学放到城郊野外进行实战，从而进一步提高学生的定向技能。在城郊野外进行定向教学有其丰富的地理资源和自然条件，在选择场地时，一定要考虑到学生的安全。

四、高校体育定向运动教学路线的设计

在定向教学过程中，一条较好的定向路线设计必须具备两点：一是符合定向运动路线设计的一般原则；二是必须整条路线是安全的。

1. 定向教学路线设计的原则

第一，路线的难度和总长度要与教学对象的水平相适应，不要认为难度大的定向路线就是好的路线，对初学组别和高级组别的定向路线必须有明显区别。因此，在教学和训练中要分层次，运用多种教学手段和方法开设定向运动理论课程。

第二，依据地形特征设置合理检查点位置。检查点是学生或者运动员寻找目标点和确定站立点位置的依据，既要体现公正，又要尽可能地展现学生的技能掌握水平。设计检查点位置的依据是图上有相应的地图符号的地形位置，附近是否有可以成为辅助捕捉目标的地形，也就是我们通常所说的特征地形。

第三，依据路段距离的需要设置检查点。相邻两检查点除非地形细部有明显区别，否则其间隔不得过密（一般在小于 1：10 000，比例尺地图上不得近于 100 米；而在大于 1：50 000 或百米定向中检查点间隔视情况而定）。在百米定向教学中的检查点有着其特征性的位置和特殊性的要求。

第四，路线的方向和长度要有变化，即检查点与检查点之间的距离要有长有短并有路

线可选择性。这是考验学生在定向技能上的方向感和距离感。

第五，路线要具有可选择性。可使学生独立思考，认真判断地形，分析利弊。根据体能、技能状况做出相应的选择。

第六，防止"锐角现象"出现。为了防止前一名学生在找点过程中或行进时不被后续向该点奔跑的学生发现而客观上提供帮助（注意"锐角现象"不能单纯地理解为图上路线形成的角度小于90°）。要避免"锐角现象"可以通过增加辅助引导点的方法来实现。

第七，起点终点的位置要恰当合理。起点是人员较集中地域，全班同学都集中在此点准备出发，起点的教学场地必须选择适合教学的场地，一般要求地形平坦，面积较大，以保证有足够容量；遮蔽较好，如果是教学比赛，更应该注意其隐蔽性。任何位置都不能通视赛区，且到第一检查点间有足够遮蔽物，使学生尽快在出发后身影消失，以保证公平比赛等；终点地域也必须空旷，展望良好，便于教师工作和其他学生的观看。最后一个检查点与终点之间的设置应比较简单，画一个标记表明学生已到达终点。

2. 定向教学路线设计的要点

定向教学路线的设计受到教学场地(通常是学生较熟悉的地域)和训练对象的制约，不可能像定向比赛路线那样强调定向技能，而是要充分考虑定向教学的方便以及对定向技能循序渐进的教学原则，在校园或公园等较熟悉的地域内设计不同效果的定向路线。

第一，在可设点的细小地域特征设置检查点，如校园内的小花坛、小树林、围墙边、行人小道、体育馆、球场、游泳池、小河边等，这些细小的位置平时可能少有人注意。教学楼道的某些地方也可以考虑设点。

第二，尽可能多重复利用检查点位置。在同一区域内，将可能设点的地方全部考虑之后，然后每次按不同路线及不同方向来选择定向路线，最大限度地锻炼学生选择路线和判定方位的能力。

上述介绍只是设计定向路线的一般知识，实际在定向教学中并不是每次教学都要设计一条完整的路线的。在实际教学中，可根据教学内容和进程设计出适合定向教学的路线，以提高教学效果。

五、高校体育定向运动的技能学习评价

在定向运动技能的学习过程中，对技能掌握情况的及时反馈对于技能的掌握有十分重要的作用。因此，建立合适的定向运动技能的评价标准，促进学生更好地进行自我评价是非常必要的。下面根据初、中、高级三个等级评价标准分别进行论述。

1. 初级评价

第一，使用地图和指北针。学会看懂地图中的比例尺、地貌符号、地物符号、磁北方向线、地域颜色、等高线、山脊、冲沟等；能看懂校园或小型公园的地图；学会指北针的使用方法；利用指北针来找准方向；学会利用指北针来找点标；在校园、居民小区或公园能利用指北针完成定向跑。

第二，选择最佳的行进路线。初步领会定向运动路线选择的原则，在简单场地做出路线选择；在校园、公园等较易辨别方向、标志物明显的场地做出路线选择。

第三，能运用基本技术。初步领会定向运动中的一些方法及技巧，如实地使用地图的技术、选择运动路线的技术、捕捉检查点的技术等。

第四，具备良好的专项身体素质。进行基本的专项身体素质练习，具备跑、跳、攀、爬、涉等基本的活动能力。

第五，其他方面。了解什么是定向运动，能说出定向运动的常用术语及掌握基本的技术知识；能认识与使用定向器材；能组织趣味型的课堂练习；具备在校园里或公园里完成8~10个标点，2千米~3千米距离的定向能力。

2. 中级评价

第一，使用地图和指北针。学会分析野外或大型公园地图，能利用指北针给地图定向；能利用指北针在公园、居民小区或野外完成定向跑；能利用指北针单独完成接力定向、专线定向。

第二，选择最佳的行进路线。在点标间距比较短或路线不交叉或点标与点标之间角度大于90度的情况下，做出路线选择。

第三，能运用基本战术。掌握两三种定向运动项目的技术及方法。

第四，具备专项身体素质。具备较全面的跑、跳、攀、爬、涉等基本的活动能力，具备一定的户外奔跑能力。

第五，其他方面。学会并掌握专线定向方法，能准确画出自己所在地位的点标，能掌握接力定向的方法，了解接力定向的要求，掌握定向运动的简单竞赛规则；具备在校园或公园完成15~17个标点，3千米~4千米距离的定向能力。

3. 高级评价

第一，使用地图和指北针。熟练掌握国际定向越野图及指北针的使用，做到在复杂环境下的精确定向，用地图和指北针快速识别方向。

第二，选择最佳的行进路线。在不同的环境和条件下做出路线选择，如在点标间距长短不一、前进的方向和角度时常变化、点标比较难找的情况下，都能选择合适路线。

第三，能运用基本战术。掌握较多的定向运动项目的技术及方法，并能在比赛中熟练运用。

第四，具备专项身体素质。具备全面的跑、跳、攀、爬、涉等专项运动能力；具备较强的野外奔跑能力。

第五，其他方面。掌握夜间定向、五日定向跑的基本知识；学会科学地制定运动处方；完成标准定向地图的绘制、路线的设计；组织班级间的小型比赛；参加班、校级以上的定向跑比赛。

第五章 高校体育教学的创新模式及其实践

第一节 高校体育微课教学模式及其实践

随着移动互联网时代的到来，移动网络技术及通信工具的不断更新，各种电脑、便携式平板电脑、智能手机等电子产品迅速普及，当前这种信息时代化变革极大地促进了现代教育信息化的快速发展，并催生了一种与传统媒体不同的新媒体。在高等教育体系中，教育信息技术受科技进步的影响，也发生了巨大变革。在新媒体的作用下，在高等教育体系中产生了新型的教育技术，如"微课"教学。微课程利用新媒体不受空间地域快速传播的优势开始了在线教学。在这样的背景下，体育作为高等教育中的一门学科，具有技能型、动作类的特殊性，吸引了许多教育者投身于"微课"的应用研究工作中。

"微课"是以学校教育教学计划进度的内容为基础，将一堂课的主要内容进行精缩简化，或者分成几个章节片段，以录制短视频为载体，通过网络在线学习的一种新时代教学手段。目的是提高学生自学能力和开发学生发现问题、思考问题的创新能力。多应用于高校大学课程进行课堂翻转教学，提高教师教学质量和学生学习效率。

"体育微课"是指以视频为主要媒介，将体育课中的某个运动技能知识点或教学环节拍摄成简短的视频，教师本人选择通过动作示范和语言表达，让学生从不同的角度较为直观地学习，或者通过课前或课后对学生开展简短的、完整的教学活动，最终达到学生主动学习，提高教学质量的微课程。"体育微课主题突出、目标明确、短小精悍、以视频为表现形式的性质特点能满足学生体育学习的个性化需求。"[1]

一、高校体育教学课堂引入"微课"的优势

第一，碎片化，时间短。"微课"时间约为 10 分钟，学生集中注意力的时间有限，短视频教学能让学生高效专注；视频容量小，便于学生充分利用空闲时间学习，更有利于体育知识点碎片化的共享和构建，学生可以灵活安排学习从而获取知识。

---

[1] 邱伯聪. 体育微课的质性、制作与建议 [J]. 教学与管理, 2015 (34): 57~59.

第二，"微课"内容重点突出、观看示范动作角度不同。"体育微课"呈现的内容并不是单纯的课堂实录，更多的是通过不同角度将技术动作的重点、难点拍摄下来，利用各种录制软件制作合成为完整的视频，让"体育微课"呈现得丰富多彩，让传统的大场地上课转为小场地示范讲解，做到每位学生看到的示范动作都是一样的。视频设计展示动作细节，配字配乐、画面构图精致精美，产生较强的表现力。

第三，"微课"中师生互动性强。"微课"不受教学空间与教学时间的限制，能将部分课堂教学转移到课外，如课前或者课后，学生可随时随地向教师提问，师生交流加强，促使学生学习效果提高。

第四，教学资源可反复使用。"微课"短视频便于分享和保存，对视频中的动作演示，有疑问的地方，学生可以进行反复慢动作跟学，深入体会，直到掌握，因此，不同程度的学生可根据需求自由选择学习次数，有助于课前预习和课后复习，提高教师教学效率。而且，在同一水平同一教学内容下，这些"微课"教学资源可以在不同年级、不同班级重复使用。

第五，便于课堂翻转教学。传统体育课堂的模式为：讲授—示范—模仿—练习—再讲授—评价。这样课堂上学生被动接受知识，学习效果并不好。利用"微课"，可以把讲授、示范、模仿、练习都放在课前进行，课堂上是学生之间、师生之间进行探讨，实现课堂翻转。这样不仅有利于提高学生的主动学习能力，还能充分利用课堂时间对课堂内容的重点、难点进行解疑，提高课堂教学质量。

二、高校"体育微课"教学的实现前提

第一，体育教师的综合能力提高。体育教师要敢于与时俱进，勇于接受新事物，进而改变传统的体育教学理念，加强计算机技术的应用能力（视频拍摄、剪辑、制作），利用自己的专业知识，研究学生对学习体育的心理情况，找到更适合、更易被学生接受的学习方法，从而有助于提高教师自身综合能力。

第二，学校教学设备的改善。高校应考虑依靠现代化信息技术，建设在线体育教学数字平台，将体育教材教辅、体育教学视频资源上传，做到内部资源共享，达成学生之间、师生之间、教师之间相互学习，共同研讨进步。这就要求学校不仅要在硬件上要更新，而且从软件上也要跟上脚步，如更新软件服务平台、后台数据处理库、引进5G校园网络等，这些都是开展体育微课的有效保障。

第三，学生课堂学习方式转变。传统课程教学，教师教授学生听讲，都是教师主导。微课引进课堂，让学生重新思考学习方法，转变适应新的学习方式，使学习内容提到课前，学生先跟着微视频模仿学习体育动作技能，从而能充分利用课堂进行解惑和巩固主要知识。学生要学会适应这种新的学习方式，从学习习惯上做好思想准备，提高自主学习的

实践能力。

三、高校"体育微课"教学阶段设计

第一，"体育微课"制作的前期工作。前期工作是整个微课程的开展基础，重点考虑录制的课程内容，根据教学大纲及教学进度计划，浓缩课程内容，做到精简易懂。从示范者的精准动作、文字副标题阐释到背景音乐等一系列的视频制作，要结合当代大学生的偏好，让微视频真正融入大学生的心里，才会激发大学生主动模仿视频内容的技术动作。上传到教学网络平台，共享资源，并可以后台监控学生学习进度及学生自主学习的情况。

第二，课前师生活动设计。该阶段是为课堂开展奠定基础，学生课前先观看视频，自我学习或与同学一起学习并讨论体育课程内容，遇到疑惑即可在线留言提问。比如体操动作教学，学生在课前观看及模仿视频中的技术动作，然后遇到问题可向教师在线提问，或者带着疑问参与到课堂中，更能提高主动学习的能力。教师在上课前浏览学生的提问，收集并在课堂上一一讲解，这样还有助于营造师生互动的热烈课堂气氛，直接拉近了学生与教师之间的距离。

第三，课堂上活动设计。该阶段的重点是师生互动，微课应用到体育教学中后，由于学生已经在课前了解了动作要领，并对本节课的训练内容有所了解，学生是带着自己的疑问来学习的。因此，在进行课堂活动时教师应注意避免传统课堂的教学模式，可直接解决学生问题、纠正技术动作，并以小组为单位进行展示评比，让学生在评比的过程中对该节课归纳总结，最终教师再组织课堂，对问题进行分类、归纳和总结。只有这样才能激发学生的自主学习意识，提高学生学习的主体地位，加快教师的角色转换。

第四，课后多元考核设计。学生的考核也要区别于传统教学模式，进行多元化考核评价，区别学生自主学习的能力，目的是提高学生自学的主动性和积极性。传统体育教学考核方式，以技术考评为主。在多元考核设计下，教师对学生进行定量与定性评价，定量主要包括在线观看视频次数、在线提问次数、考试分数等数据进行综合分析；定性包括学生的课堂表现、学习态度等。制定多元考核有助于学习提高自学能力，还有助于提高主动发现问题和解决问题的能力。

四、高校"体育微课"排球教学实践

（一）高校排球课程教学中"微课"应用的背景

1. 排球课程的学科特点

排球运动是在我国比较普及的体育运动之一，深受社会各界人士特别是当代大学生的喜爱。1985 年国家教委就将其列为学科专业课程，成为体育教育专业的主要必修课程，目的是要求学生通过参与排球运动，增强专项身体素质，掌握排球基本的技、战术，促进身心和谐健康发展。由于排球是一项技巧性运动项目，具有技术的全面性和高超的技术性等项目特点，其掌握或形成运动技能要经过泛化、分化、巩固和自动化四个阶段。在这一过程中需要学生不断地进行基本技术的改进，形成正确的自动化，但是往往在实际的教学过程中，学生对基本技能的掌握不尽如人意，一方面是由于学生对技术的动作要领理解得不够透彻，另一方面，每周一节练习课对知识技能的掌握来说，时间是不够的，需要学生课下进行改正、巩固和加强，同样对理论知识的掌握也需要学生课下进行复习和总结，掌握必备的学科专业理论知识。

2. 排球课程的教学现状

严格意义上讲，对高校排球课程教学现状的研究主要围绕课程目标、课程设置、教学计划、教学内容、教学方法和手段、教材使用等方面进行，以下仅侧重于课程的教学方法和教学评价的研究，所以对高校排球课程教学现状的研究主要从教学方法和教学评价来展开。

排球课作为体育教育专业的必修课，一般在大一学年就要进行理论和技能的学习，课时安排通常是一周四课时，由两到三名教师负责对多个班级进行教学，需要教师对同一技能的教学进行多次重复教学，教学任务繁重。同时，对新技能的讲授以传统教学法为主，主要通过讲解、示范、练习、纠正错误动作，再练习、再提高的方式，教学方式比较单一，教学方法的创新存在滞后的现象，较少将现代科学技术与课程相融合。在教学评价方面，排球普修课理论的评价主要是以闭卷的形式进行，评价方式较为单一，技能评价主要是技巧和达标两种方式相结合，技能占比较大。

3. "微课"应用到排球普修课教学中的优势

排球普修课是高校体育教育专业培养计划中的必修课程，其教学质量决定了培养对象技能掌握的程度，高质量的教学不仅有利于学生知识技能的掌握，还会给学生带来广阔的就业前景。处于科学技术飞速发展的时代，一些新的教学方法必将顺应潮流登上教育行业的舞台，微课就是其中的代表。将微课应用在大学体育排球教学中，体现了一种更加自由、灵活的教学方法，微课的主要优势在于学生可以按照自己的节奏和认知习惯进行个性化的学习。比如重、难点部分多次观看，遇到不懂的地方停下来查阅资料后再继续学习；相对比较容易掌握的地方，可以快进看或者跳过去，以提高学习效率；比较难以理解或者易忘的知识点可以反过来继续强化学习，以加深对知识点的理解。

排球运动是一项技巧性的集体项目，需要对技术动作进行多次练习，对技能的掌握仅仅依靠课堂上的时间是远远不够的，还需要学生自觉地进行课下练习，练习的过程中需要及时地反馈，以保证动作技能的准确性和完成度，而微课教学的出现就有效地填补了这一缺失。

"微课"的内容精简，在学生学习的过程中避免了因讲授的内容较多，让学生产生厌学的消极心理；重、难点突出，有利于学生对动作技能的深刻理解，防止了因掌握技术动作的不牢固产生习得性无助感；时间较短，在知识讲授的过程中学生的注意力集中，对所学知识能快速高效地内化为己用。同时，学生对一些技术动作的巩固，使用零碎的时间就能查漏补缺和巩固强化课程知识，能大大提高学生的自主学习能力。鉴于大学生的日常课程本来就不多，课余时间较充分，"微课"正好结合大学生课程特点，能丰富大学生课下学习方式，让学生在空余时间自主学习，提高自主学习能力。

另外，随着教师年龄的增长，身体条件已经不适合做出完整、轻松的示范，但教学任务还必须完成，这时"微课"的功能就凸显了出来，教师可以不用自己做示范，利用设计好的微课让学生进行学习，使学生形成完整的动作印象，并结合自己的体会，帮助学生掌握知识技能，体会到成功的快乐。

（二）高校排球课程"微课"的开发

1. "微课"的类型及制作方式

"微课"有两种分类方法：第一种，按照教学方法分为理论讲授型、答疑解惑型、实验操作型、技能训练型等；第二种，按照录制方式分为屏幕录制、影像录制等。

根据"微课"的制作方式不同，可以将其大体分为三种：拍摄型"微课"、录屏型"微课"以及动效型"微课"。拍摄型"微课"就是采用摄像设备录制的微课，是最直接的形式，适用范围包括教师讲解、师生讨论等情况；录屏型"微课"就是借助屏幕录像软件，录制计算机屏幕上的操作以及窗口中的文本、声音和视频等内容，这类"微课"最大的特点就是教师不出现在视频里，教授的内容能全部地吸引学习者的注意力，并且操作简单，教师易掌握；动效型"微课"更加形象直观，既能将抽象的问题具体化，又能充分引起学生的学习兴趣，在以后的"微课"制作中应大力提倡。此处选取拍摄型"微课"制作进行阐述。

2. 高校排球课程的"微课"设计的目的与原则

（1）高校排球普修课"微课"案例设计的目的。关于"微课"案例设计的目的是基于三个方面进行考虑的：①就排球课程而言，排球"微课"案例的设计，改变了原来教材较为固定、教材更新变革速度较慢、教学形式按部就班的现象，突出了排球教学过程中的重、难点及易错点，通过多个"微课"视频的制作，使课程更加完整；②就教师而言，高校体育排球普修课教师存在教学班级多、教学任务重的现象，一个技能的教学要在不同的班级重复很多次，或者可能出现因授课班级较多，教学进度不一而导致的一些技能没有教授的情况发生，还有就是存在为了赶教学进度，没有照顾到接受能力较慢的同学就进行下一阶段学习的现象，"微课"的出现避免了教师对同一知识点的多次讲解，较少地出现因赶教学进度而出现知识点漏讲的现象，有效地避免了"一刀切"现象的发生；③就学生而言，相比较空洞的语言讲解，学生更喜欢视频、动画及多媒体教学，这种教学更符合大学生寻求新奇事物的猎奇心理和个性化的需求，通过"微课"结合翻转课堂教学模式进行学习，学生可以自己掌握学习的节奏，对较简单的知识点可以快进学习和跳过，对较难的知识点，可以反复学习，不仅满足了学生个性化的需求，同时培养了学生自主学习的能力和意识。

（2）高校排球普修课微课案例设计的原则

第一，以学生为主体，因材施教。就是在教学过程中，学生的学起主体作用，在设计微课教学视频时，充分尊重学生的个体差异，因材施教。比如，就排球扣球而言，一般的学生要求学会扣4号位高球即可，学习能力强的同学可能会有学习扣2号位或者是扣4号位半高球的需求。因此，在"微课"视频制作时要充分考虑学生的学习体验，做出不同层次的微视频，满足不同学生的学习需求。

第二，以课标为依据，紧扣主题。通过排球课程的学习，了解排球运动的基本知识、基本技能，掌握利用排球运动进行科学锻炼身体的方法，体会它的运动价值、享受运动乐趣，并培养终身体育的习惯。其中最为重要的是，要掌握排球运动的各项基本知识和基本技能，所以，在设计"微课"时要以此为依据，紧紧围绕带领学生掌握各种技能为主线，采用各种方法提高学生的技能水平。

第三，以简洁为前提，重点突出。"微课"以其短小精悍的特点深受大学生的欢迎，故在设计"微课"视频时要充分体现其独特的优势，要有很强的针对性。一节成功的微课是某个知识点或重难点的高度浓缩，需要教师经过深思熟虑之后进行简要概括的讲解，要达到学生通过观看视频，条理清晰地挖掘到本次课程重、难点的教学效果。

第四，以趣味为关键，激发潜能。与传统的教学方法相比，"微课"借助视频、动画和精美的图表更能吸引学生的眼球，提高学生学习的兴趣，点燃学生的激情，激发学生学习此项运动的活力，让学生在快乐的氛围中学习基本的知识技能和动作方法。在玩中学，在学中思，不断激发他们的潜能，调动学生学习的积极性和主观能动性，通过技术动作的学习，让他们体会到成功的喜悦。

3. 高校排球课程的设计流程

（1）确定主题。此处以排球课程教学中的扣球技术动作为例，扣球作为排球技术中的基本技术，是赢取比赛胜利的关键一环。较其他技术来讲，对学习者的要求较高，难度较大，按动作类型扣球技术可以分为正面扣球和单脚起跳扣球两种，由于排球课程要求学生掌握正面扣球技术，所以微课教学视频制作选取前者作为典型的案例开发。

（2）学情分析。学情分析是教学设计的重要组成部分，与其他教学环节密不可分，对学情分析不准确，教学目标的实现就会大打折扣。学生是课堂的主体，一切教学活动的开展都要紧紧围绕学生的需求展开。大学时期的学生，抽象逻辑思维已经形成，自制力较强，自学能力有了很大的提高，但在经历了高中高强度的集中学习后，他们更趋向于自主安排学习时间，更加追求个性化的学习方式，对比较新鲜的事物乐意去尝试，接受新事物的能力很强。

利用"微课"短小精悍和内容丰富的特点，制作出同学们心中难度系数较大的扣球技术教学视频，能满足大家的需求，有效提高学生的学习效率。完整、精简的微课视频能尽可能地抓住学生的眼球，满足他们的猎奇心理，通过短小精悍的"微课"学习，能提高学生学习的兴趣和激情，有利于排球课程的顺利开展。

（3）教学设计。"微课"教学设计不同于传统的教学设计，在设计之初就要考虑到其特点，突出其重、难点讲解的初心。例如"微课"教学设计结合翻转课堂的教学模式开展，主要进行新知识点的讲授，所以采用的制作方式可为录屏加讲授式。设计思路是，先以 2016 年里约奥运会女排夺冠为切入点，激起学生参与排球学习的热情，然后围绕排球正面扣球为重要内容，让学生掌握此项技术以及训练方法，简单了解该项运动的规则及裁判法，为以后进行专项学习和参加比赛奠定基础。

（4）教学评价。教学评价是指以教学目标为依据，通过一定的标准和手段，对教学活动过程及教学结果进行评估，即对教学活动过程及教学结果进行评价的过程。其目的是对课程、教学方法以及学生培养方案做出决策，最主要的是对学生学业的评价。传统的教学评价主要是进行总结性评价，也就是在各个学习阶段结束后对学生学习结果的评价，这种方法注重考查学生掌握课程的情况，概括水平较高，但会使学生形成平时不努力，考试的时候出现"扇贝效应"，不利于激发学生的学习动机，形成良好的学习观。

"微课"教学所依据的教学评价采用与素质教育相一致的教学评价方法，重点关注学生的发展性评价，在进行教学评价时以学生素质的全面发展为评价指标，根本原则是为了每一位学生的发展。它基于学生的过去，关注学生的当前，更着眼于学生的未来。对学生发展特征的描述和学习水平的认定，都是为了学生以后的发展，更加注重学生学习过程中的评价，在课堂教学中，进行鼓励性评价，将学生的课堂表现纳入学生学习成绩的评定当中，对教师所安排的课后作业及时、保质保量地完成，同样计入学生成绩中。也就是每节课结束以后，自己在课下进行扣球技能强化后，将完整的技术动作录成视频后发送到 QQ 群或其他交流平台，供大家交流和评价，对表现活跃的学生给予加分，这种评价方式既能通过教师和大家的点评得到及时的反馈，进一步提高学生的运动技能，又能发挥学生的主观能动性，增强学生的学习动机。

第二节　高校体育支架式教学模式及其实践

一、高校体育支架式教学的必要性与可行性

在学生身体素质逐年下降的趋势下，现阶段的体育教学已经上升到了一个全新的发展阶段，在以人力提升学生身体素质，发展终身体育思想的呼声下，体育教学方式亟须注入新鲜血液。学生时代对身体和心理健康以及身体的全面素质发展非常关键。因此，这个时期也是学生各项素质形成的关键阶段。学生的身体素质不仅关系到个人的健康发展，而且关系到未来各种人才的培养，还关系到整个民族的社会发展趋势。体育教学中的训练可以看成锻炼，可以强化学生的爱国主义和集体主义精神，同时还有助于学生磨炼意志、完善修养，可以促进学生的德、智、体、美、劳多元发展。

支架式教学在体育教学中的应用既符合素质教育的要求，也符合对学生终身体育观念培养的要求。在体育教学中，支架式教学强调的是以学生为主体，通过创设情境以及设置支架，培养学生的体育学习水平。从教师自身来说，由于近年来对体育教学质量水平的要求越来越高，体育教师原有的教学方法和理念已经不能再适应现代化的教学需求，所以体育教师自身也需要新的教学方法来提升自身的教学水平。随着近年来学生主体地位的确立，教师在教学过程中已经或多或少地开始进入支架式教学领域，所以说支架式教学在体育教学中的运用已经有了生长的土壤。

二、高校体育支架式教学的应用原则与关键

（一）高校体育支架式教学的应用原则

第一，区别对待原则。在支架式教学中，由于每个学生的最近发展区都不一样，而且学生的学习背景以及认知学习能力也是千差万别，所以，在体育教学的实施过程中应该将

区别对待原则放在首位。比如，对一些身体素质比较好、运动能力比较强的学生，可以在教学中为他们提供一些较为抽象且数量较少的支架，在支架的撤出时间上也可以提前，尽早让学生进入自主练习阶段。但是对一些身体素质较差，而且运动能力又弱的学生，在支架的提供上可以尽可能多地为其构建。总之在实际教学中应该根据不同水平的学生搭建不同的支架，以适应他们不同的需求。

第二，多样多元原则。不同的教学任务和教学目的，以及不同的教学情境可以有不同形式的支架，而且在支架的提供者方面，不仅是教学中的教师来提供，学生身边的同学、父母、社会甚至是媒体都可以成为支架的提供方，所以说在支架式教学中应该遵循多样多元原则。

第三，渐进性原则。由于大学生在学习过程中不断取得进步，其最近发展区是不断变化发展的，所以，所提供的支架也是处于不断的变化中，并随着学生的学习水平进行不断的调整。在支架的应用中还必须遵守渐进性的原则，不能一开始建立很难的支架，让学生很难理解，那样不利于教学质量的提高。在支架的设立中需要遵循由低到高的难易程度来设定，要让学生始终处于一个可以理解但达不到的水平，只有这样从难度低的支架慢慢学习，才能进入难度高的支架阶段。在体育教学中可以根据教学内容的需要将内容拆分成不同的部分，设置不同难易程度的支架，最终完成整个教学。

第四，适时性设置原则。支架的设置时机非常重要，过早的设置和过晚的设置都不能达到较好的效果。在设置过程中应该密切注意学生的学习水平，根据学生现有的学习水平来对支架进行设置，如果过早对支架进行设置，则学生难以接受，如果过晚设置支架，那么学生又用不着，达不到支架教学效果。所以说，在支架的设置过程中应该找准时机，让支架教学效果最大化。

（二）高校体育支架式教学的应用关键

支架式教学是在支架的辅助作用下，帮助学生在体育学习的过程中完成教学目标、掌握体育技能，实现学习效果的最大化，一般在支架式教学过程中有搭建脚手架、进入教学情境、独立探索所学、互动学习以及学习效果评价等基本教学环节。

第一，合理搭建脚手架。脚手架是建筑中的一个形象名词，在教学中的脚手架是在主题授课前，教师根据最近发展区理论设置问题，有步骤地构建概念框架，为支架式教学服务。脚手架搭建的目的是在教学中让学生可以分步骤和分阶段地完成授课任务，完成从旧知识向所学新知识过渡。脚手架是整个支架式教学的框架和根本，脚手架搭建合理则为教学实施的成功提供了基础，可以直接促使学生从原有旧知识向所学新知识的过渡。而脚手架搭建不合理的话，则很难达到教学效果，反而对学生的学习积极性造成打击，增加学习的难度。

第二，充分了解掌握学生现有水平。脚手架的构建以及最近发展区的确定都需要根据学生自身的发展水平来决定，所以，教师在教学过程中应该充分与学生接触，详细掌握其各自的发展水平，只有这样才可以在支架式教学的实施中对学生的现有发展水平做出准确合理的预测。在支架构建的前期对学生现有发展水平、经验和兴趣爱好等的确定，可以为教学中适宜的情境设立创造条件，而且教师在教学中根据学生的实际，不断对支架进行调整，才有可能让学生始终处于最近发展区内，以此来保证教学中支架的有效和对学生引导程度的最大化。

三、高校体育支架式教学模式在舞蹈教学中的应用

体育舞蹈是一门包含运动解剖学、运动生理学、运动营养学、运动医学、运动心理学和体育美学等多种学科性知识的运动项目。体育舞蹈以舞蹈身体的动作为基本内容，以单人、双人或集体配合练习作为主要的运动方式，对运动者起到娱乐心灵、强身健体的作用。这种欢快、愉悦的健身活动对培养当代大学生良好的个人行为和社会行为可以起到积极的作用。

高校体育舞蹈课程旨在提高全体大学生的身体素质，加强大学生的社会适应能力，建设良好的心理状态。支架式教学模式符合高校体育舞蹈教学的需要，大学生通过轻松、自主、愉悦的自我方式学习，更容易达到提高身体活动的能力、心情愉悦、娱人娱己、抵抗社会压力、培养积极参与体育的意识的目的。

（一）支架式教学模式对高校体育舞蹈学习的影响

第一，有利于激发大学生学习体育舞蹈的主观能动性。支架式教学模式提倡的是以学生为中心，自主完成学习技能的整个过程。整个教学过程中教师为学生搭建脚手架，学生需要通过自主学习和创造来完成教学内容，强调学生的个人探索，而不是一味地接受教师传授的舞蹈知识。学生通过支架式教学模式自主学习也有利于丰富高校体育舞蹈教学理论，进而增强高校体育舞蹈教学的科学性。

第二，有利于充分发挥教师在教学中的主导作用。在高校体育舞蹈支架式教学模式的教学过程中，教师将知识变成一颗颗小珍珠抛给学生，学生需要根据自己的实际情况将它们串联起来，变成项链，珍珠的质量高不高，直接决定了项链的优劣。因此，高校体育舞蹈支架式教学模式整个教学活动中教师起着十分重要的作用。

第三，有利于改变传统教学模式带给学生的一成不变的印象。高校体育舞蹈支架式教学模式中，教师与学生的互动性更多，教师搭建好支架后，学生需要自主探索，跳出了一

味跟随教师思想学习的框框，有了更多创新的可能性。

（二）支架式教学模式在高校体育舞蹈学习中的优势

1. 支架式教学模式下的体育舞蹈教学利于改变单一的教学目标

传统的高校体育舞蹈教学特别注重教学目标的实现，学生的整个体育舞蹈学习知识认知过程比较简易，学生主要的学习目的是应付各类考试，缺乏个人的实际动手能力，以及对脑力的锻炼不足，学生的实践能力、工作能力、人际交往能力水平发展不够，这也导致大部分的学生"书呆子"似的发展，既然不能符合当前学生的自身发展需求，就更加难以适应现今整个社会发展的客观要求。

支架式教学模式充分强调学生的主体性，同时大力提倡教师适时地为学生搭建学习支架，以帮助他们依靠支架探索获取新的知识，有效地提高学生的积极学习能力和加强学生的自主创新能力，进而更好地协助学生完成学习的任务。它的提出丰富了高校体育舞蹈的教学研究，对改变传统体育教学单一的教学目标起到积极的作用。

2. 支架式教学模式下的体育舞蹈教学利于改变单一的教学形式

传统的高校体育舞蹈教学，体育舞蹈教师作为舞蹈动作的教授者，整个课堂上大部分时间只能听到教师讲课的声音，学生接受的都是固定的套路，而要想掌握这些固定的套路，学生往往不经思考，一再重复练习基本动作和这些规定套路，这种教学模式显然是存在弊端的。

传统教学模式下，课堂上教师与学生之间互相缺乏积极的对话和交流，支架式教学模式中，教师必须根据不同的教学具体内容，不同的教学实施对象，有针对性地设定不同的教学支架，而丰富多样的教学形式、新颖多变的教学环节，一方面可以有效调动学生上体育舞蹈课的积极性，充分增强学生学习体育舞蹈的兴趣和信心；另一方面还可以更好地激发学生的自主创新能力和主动探索能力。

3. 支架式教学模式下的体育舞蹈教学利于将情境带入课堂中

教育应该与我们的实际生活相互联系在一起，高校体育舞蹈的教学必须贴近现实实际状况，就是在高校体育舞蹈教学中，必须从学生自身的、真实的生活经验和已经掌握的知识出发，利用学生的实际亲身体验来学习和运用体育舞蹈知识，将生活化的教学情境带入学习中。

支架式教学模式下的体育舞蹈教学，通过给学生设置各种与现实相联系的教学情境。例如学习斗牛舞时，通过播放斗牛士斗牛的视频，让学生想象，女生是斗牛士手中挥舞的斗篷，男生是战斗中的斗牛士，这样的情境设定，使学生的积极性和参与性明显提高，学生能清晰地明白自己在舞蹈中的定位，以及在舞蹈表现中需要实现的目标和达到的效果，从而自主学习和探索想象的能力也得到明显提高，更容易达到良好的教学效果。

第三节 高校体育混合式教学模式及其实践

一、混合式教学模式对高校体育课程的意义

第一，满足学生个性化学习需求。与受困于教学时间、地点的传统高校体育教学活动相比，混合式教学模式更加自由。传统的高校体育教学活动是在固定的时间在体育运动场地完成教学任务，教学时间有限，很难让学生完全领会运动的动作要领，更难有时间去学习体育运动的理论知识。而混合式教学模式充分发挥了线上教学的优势，学生可以随时随地通过观看直播、回看等方式有充足的时间学习体育运动的理论知识和运动技巧，还能利用教学软件进行课前预习与课后复习，提升了教学效果，满足了学生的个性化需求。

第二，提升学生学习的主动性。传统高校体育教学活动主要采取教师讲解，学生聆听思考、实践练习的模式。在这种教学模式中，教师是授课活动的主体，学生处于被动地位，不利于学生主动性、创造性的培养。在混合式教学模式中，学生的理论知识学习的获取途径主要是观看课程视频，然后进行测试与练习。在这一活动过程中，学生才是教学活动的主体，授课教师主要起到辅助和引导的作用。通过线上教学理论知识和运动要点，线下课程专攻重难点的方式，推动学生主动思考、进行运动，起到了调动学生主动性、积极性的作用。

第三，扩展学习内容。传统高校体育教学内容主要是专门体育运动的相关技术教授，如"健身气功"课程，主要内容是教授八段锦等健身气功的动作和技巧，缺少对于体育运动基本常识的传授。混合式教学模式由于采用了线上平台进行理论知识教学活动，可以扩展需要学习的理论内容，让学生了解身体运动的基本知识，更好地开展专项运动的实践教学。

第四，更好地掌握学生情况。在传统高校体育教学活动中，教师想要了解学生的学习情况只能通过课上练习时互动，而课上交流的时间较少，教师无法掌握每位学生的进度和身体情况。

混合式教学模式中，授课教师可以利用线上教学平台，通过问卷调查、课前预习、课后测试等方式了解学生的学习情况，还能通过在线交流的方式实现师生互动，答疑解惑。这就使教师对学生的情况有了较为全面的了解，为有针对性地进行教学工作做好了准备。

二、高校体育混合式教学模式的构建原则与要点

1. 高校体育混合式教学模式的构建原则

第一，以日益丰富的数字化课程资源为基础。随着"互联网+教育"策略的实行，高校信息化进程进展迅速。得益于"百区千校万课"和信息技术与教育深度融合示范培育推广计划等，高质量的高校线上课程越来越多，这些丰富的数字化课程资源为高校体育混合式教学的实施奠定了坚实基础。

第二，以快速发展的信息技术为支撑。近年来信息技术，尤其是移动互联网技术飞速发展，以光脉冲为信号传输形式的光纤的普及，5G通信系统的投入使用等，使网络信息传输速度不再是线上教学的瓶颈，让高清视频教学成为可能。在此基础上，新冠疫情防控期间的线上教学为完善线上教学提供了大量实践经验，以上这些都推进了信息技术与高校教学活动的有效融合。

第三，以整合第三方软件为载体。混合式教学模式同传统教学模式的重要区别就在于线上教学方面，想要做好线上教学工作，平台选择和使用就非常重要。目前国内主流线上教学平台都需要结合QQ、微信等社交软件共同使用才能得到最好的效果。以超星学习通为例，其具有较为完善的课程设置、课堂教学、资料共享、考核评价及讨论交流功能，但是其功能只围绕着教学环节设计，很少涉及教学设计、数据对比等方面，需要授课教师利用其他软件完成。因此，想要做好混合式教学需要教务部门根据教学要求对有关软件进行整合，明确使用要求，只有这样才能更好地达到混合式教学的目的。

第四，以良好的体育场地为保障。高校体育是一门实践性很强的课程，虽然上级部门强调了线上理论学习的重要性，但是其根本是要学生在现实中进行体育锻炼实践才能达到强健体魄的目的。对体育教学来说，合适的运动场地是必不可少的，设施完备的足球场、篮球场等专业运动场地对体育教学来说是必须具备的，也是做好混合式教学的根本保障。

2. 高校体育混合式教学模式的构建要点

第一，转变观念、强化认识。作为混合式教学模式的实践者，需要转变传统观念，强化对混合式教学的认识。开展线上教学活动不是为了减轻教师线下教学的负担，而是让学生通过线上学习掌握更多的体育知识，为终身体育打下基础。混合式教学的目的是充分利用线上教学这种解放时空限制的技术手段去提升高校体育的教学质量。学校领导要重视混合式教学的开展，提供经费保障、制度支持，为做好课程建设提供帮助。

第二，注重提升教师的信息素养。信息素养是由德国学者保罗提出的，主要指人类在分析问题与解决问题的过程中利用数字信息的能力与意识，即以信息化思维看待问题的形

成机理、发展规律及解决方向。在高校体育混合式教学模式中教师虽然不再是主角，但是其依然在课堂教学工作中发挥着极其重要的作用：引导学生深入领会教学知识点，推动学生线下正确地实践体育锻炼方法。在这一过程中教师必然需要使用信息化的教学工具，也就对教师的信息素养程度提出了要求。所以，为了做好高校体育混合式教学工作，学校或教学单位必须组织开展各种形式的培训活动，提升教师的信息素养。

第三，使用新的教学方法。高校体育混合式教学在推进过程中要注重针对新的授课形式采用新的教学方法，不能继续使用传统教学四步模式和教师中心模式。根据高校体育课的教学特点，利用好线上教学资源，线下课程完全可以使用边做边评、以练代讲等教学方法充分调动学生的积极性。

第四，处理好形式与内容的关系。高校体育混合式教学是一种新的可能的教学形式，实践中会遇到很多新的问题，如课程资源建设、线上线下教学活动的安排、教学工具的整合等。教学人员不能囿于这些形式化的问题，要牢记教学的核心是立德树人，育人为本。我们要将教育的本质诉求作为立足点，要保证线上学习和线下学习的教学质量，不能因为混合式教学的形式就忽视了高校体育教学的核心：向学生传授体育知识、技术与技能，有效地增强学生体质，培养其道德品质。

三、高校体育混合式教学模式的实施策略

1. 打造泛在式学习环境

泛在学习，顾名思义就是指广泛存在的学习，是一种任何人可以在任何地方、任何时刻获取所需的任何信息的方式。高校体育混合式教学模式中线下教学受到场地等因素限制，需要在特定时间、地点进行，而线上教学则相对灵活得多。在智能手机已经普及的现在，完全可以通过多媒体线上课程、增强现实扫描技术、微信公众号、小程序等多种形式构建泛在学习的环境，让学生随时随地完成线上学习任务。构建泛在学习环境可以让高校体育混合式教学变得更加方便，让学生减少对特定设备的依赖，更好地完成教学任务。

2. 设计闭环的教学框架

如果想要做好高校体育混合式教学的授课工作，需要设计一套可行的闭环教学框架。这套教学框架至少需要包括教学课程建设的标准、形式和规模；细化课程教学的各个环节，对线上、线下的教学做出明确安排；有针对性的质量检测方法及各个角色对课程的评价反馈机制。

授课教师可以充分应用线上优质课程资源，进行本地化改造，探索混合式教学的多种

应用模式，建设适合本校学生特点和教学培养需要的"金课"。

混合式教学的具体运行环节和教学安排需要考虑到教学资源的使用、工作量的计算、与传统课程不同的线上互动等环节的具体操作，尤其要考虑到学生线上学习的时间和精力需求，把握好线上课程和线下实践课程交叉进行的节奏。

高校体育混合式教学的考核也要考虑到线上和线下两个方面。线上课程的考核可以利用授课平台的有关功能，如签到、课堂互动、观看课程时长、讨论区活跃情况、课下作业、阶段考试等多种方式全方位考核学生的线上学习效果。线下则是通过对学生课上练习情况、期末考试情况等进行考核，最终课程成绩由"线上成绩+线下成绩"得出，其中比例和形式可以由各个学校根据自身情况自行设定。

3. 构建全面的集成管理平台

高校体育混合式教学在面对学生角色时需要打造泛在式的学习环境，而在面对教师角色时则需要一个全面的集成管理平台，以便可以让授课教师完成从课程设计到反馈分析的全过程活动。

根据高校体育教学角色，可分为三个模块：系统管理员模块、教学管理员模块、教师模块。系统管理员模块应具有用户管理、数据备份恢复、系统安全设置、信息查询、教学数据分析等功能。教学管理员模块应具有课程设置、班级设置、教师设置、数据导入、教学数据分析等功能。教师模块应具有课程班级浏览、成绩权重设定、成绩导入、数据分析等功能。

此外，为方便教师及教学管理人员使用，集成管理平台还要做到全终端适配，并与教学使用的第三方平台对接，方便数据传输。

4. 重视学生差异性

高校体育混合式教学模式与传统高校体育教学模式相比，对学生课外学习和交流更加重视。通过使用多样化的教学平台及社交软件，可以实现课前导学和课后探学工作，通过线上答题、录制锻炼视频等反馈方式，教师可以较为直观地了解各个学生的身体状况和学习情况。在此基础上，通过学情分析等方式，教师可以对学生分组，针对各组学生的个性发送有针对性的学习及锻炼计划，达到分层教学和个性化教学的目的。

5. 做好教学评价与课程改进工作

混合式教学模式作为刚刚兴起的教学模式，必然还有不成熟的地方，做好教学评价与课程改进工作是提升课程质量的重要手段。教学评价主要分成两个方面：一方面是教学效果评价，另一方面是课程体系评价。

教学效果评价是指教学评价着眼于课堂教学过程性的全覆盖、全记录、全指导，在保障教学评价科学性、有效性的同时，促进学生成长和教师专业并进式发展，它是对一个授课周期的结果评价，分为学生评价、教师自评、督导评价、教师互评、教学主管部门（学院）评价五个维度。学生评价是指整个授课周期结束后学生对所上课程进行评价，包括对课程整体满意度、教学形式满意度、教学内容满意度等；教师自评则是在教学周期完成后通过将教学数据与上课前设定的课程预期数据对比分析；督导评价则是督导人员对教师授课过程进行整体评价；教师评价则是反映在教学周期内教师之间通过听课分析，对教师的课堂教学效果进行评价；主管部门（学院）评价则是站在人才培养的层次上对课程教学效果进行评价。教学效果评价的目的是通过评价分析，改进课程的实施细节，更好地达到教学目的。

课程体系评价是使用事先制定的课程评价办法对整个课程建设方案进行评估。一般来说，课程评价主要是针对教学理念、课程目标、教学设计、教学内容、教学组织与实施、课程管理与评价等方面进行评估，具体的评价标准一般根据本校实际情况制定。课程体系评价是对课程整体质量进行评价，同时通过评价确定教学理念、课程目标是否与学校人才培养目标保持一致。

四、高校体育混合式教学模式在健美操教学中的应用

（一）"线上线下混合式"教学运用于健美操课程的必要性

健美操课是一门综合性较强的课程，动作灵活多样，当音乐的旋律或节奏发生改变，运动强度也发生相应的变化。前人所运用的"混合式"教学更多的是形式上的混合，虽然能体现出以学生为主导，突出学生个性，培养学生的终身体育意识，但教学内容的分配、教学设计、教学评价等都不够完善。因此，现在急需一种科学的"混合式"教学体系来改善健美操常规课程模式的缺陷。"线上线下混合式"教学将立足健美操课程的特点，针对已出现的问题进行完善。

健美操专项课的"线上线下混合式"教学是建立在健美操常规面授课教学形式上的一种科学的发展和延伸。它不是要摒弃常规课程的特点和模式来建立一种新的模式，而是顺应网络教学发展趋势并针对常规面授课所出现的问题将"线上课程"的形式加入教学中。把健美操专项课教学大纲中的教学内容进行合理的定位和分类，按照科学的比例设置"线上"和"线下"教学的内容和时间，是将线上教学与健美操常规面授课相结合的一种教学模式。

（二）健美操专项课"线上线下混合式"教学方案设计

1. 健美操"线上线下混合式"教学方案设计原则

教学方案设计的原则是根据一定的教学任务，遵循教学过程的规律而制定的对教学的

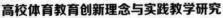

基本要求。"由于在教学过程中，体育教学各项价值的体现，学校体育各项功能的充分发挥，都有赖于各个环节的相互配合和各种功能相互协同，因此，在进行体育教学设计时，我们必须以系统论为指导思想，全面考查体育教学的各个环节，致力于各组成部分的紧密联系和相互渗透，以求得整体上的最佳效果。"① 结合健美操专项课和"线上线下混合式"教学的特点，经过研究对比分析选取了以下原则作为健美操"线上线下混合式"教学方案设计的依据。

（1）目标导向原则。目标导向性原则是指教学设计要遵照教学目标。因此，在设计健美操专项课"线上线下混合式"教学方案前，要认真解读健美操专项课的教学大纲，了解和剖析健美操专项课的课程目标、学生的学习需求以及目前教学中所出现的问题，并通过教学方案的形式将健美操专项课"线上线下混合式"教学的具体步骤、具体教学目标等呈现出来。健美操专项课"线上线下混合式"教学方案设计的每一个环节都应考虑对教学目标实现的功能和作用，以确保健美操专项课在后续的教学中对学生能力的引导作用。

（2）整体优化原则。教学设计的整体优化是在设计和组织教学中体现的，它包括：对教学对象的分析；教学目标的制定；教学策略的确定以及教学过程的安排。整体优化原则要求把教学设计当成一个整体，要注重整体与各要素之间的关系和相互作用。既要从整体的角度设计教学过程，又不能忽视要素与要素之间的相互联系。

（3）程序性原则。程序性原则是指在教学方案的设计过程中要遵循教学规律，然后再有序地编排。因此，在教学设计中健美操专项课的学习程序编排要遵循健美操专项特点，在原有的程度上，针对学生的学习心理、健美操专项理论知识、学生的身体素质、健美操专项技术技能等进行更深层的学习和转化。这不仅能促进学生健美操动作技能与理论知识的掌握，对学生的学习能力和社会适应能力的形成也有一定的影响。借鉴巴班斯基优选教学方法的程序，并结合健美操专项课教学的实践，可以将健美操专项课"线上线下混合式"教学的程序性设计分为四步：①明确健美操专项课教学任务和目标；②提出健美操专项课"线上线下混合式"教学的设计蓝图；③对多种教学方法进行优化组合；④健美操专项课"线上线下混合式"教学方案的实施和对该模式的评价。

（4）可操作性原则。可操作性原则是指健美操专项课"线上线下混合式"教学方案要贴近健美操专项课的课程特点，根据教学实际做到有据可依、切实可行。要充分了解学生进入学习前的基本情况，如学生的身心特点、技能水平等。结合学生基本情况与学期目标才能对教学目标进行设计和编写。教学设计不能过于理想化，不能把学生不会做或短期内无法完成的活动强行加入，要在实践中不断修改和充实，建立科学、合理的教学设计。

① 伍天慧，谭兆风. 体育教学设计与实践的系统观 [J]. 体育与科学，2005（2）：78.

同样地，也不能照搬教材上的案例和模式，要对教学对象进行分析。这是为了提高教学效果，所以不能标新立异、急于求成。否则，无论教学者的理论知识水平多丰富、先进，都达不到预期的教学效果。

（5）灵活性原则。灵活性原则是在面对不同学生、教学内容和教学形式时，能动地调节各环节使教学达到最合理化。健美操专项课"线上线下混合式"教学方案的设计，不仅要考虑教学活动的形式（线上或者线下），还要考虑教学过程中教师与学生、学生与学生之间的关系和角色变化，这是一个动态的过程，因此，教学方案的设计需要具备开放性、动态性的特点，以适应教学过程中的种种变化。

（6）及时评价与反馈的原则。教学中的评价与反馈是反映教学效果的重要依据之一，健美操专项课"线上线下混合式"教学设计中需要考虑如何合理反馈学生的学习情况，特别是学习的过程。通过分析学生学习结果，可以反馈健美操专项课"线上线下混合式"教学设计的优势与不足，为修正和充实教学方案提供支撑和方向。

2. 健美操"线上线下混合式"教学目标

教学目标是指在教学活动中所期待得到的学生的学习结果。教学活动以教学目标为导向，且始终围绕实现教学目标而进行。以下将健美操专项课"线上线下混合式"教学目标从认知领域、情感领域和操作领域三个领域进行划分。

（1）认知领域：①通过理论学习，能对大众健美操运动的起源、发展有较深的了解，理解大众健美操运动的定义与分类；②熟练掌握大众健美操的基本动作和难度动作的术语及速记符号；③熟练掌握学校大众健美操课程的文件制定和教学方法的运用；④熟练掌握大众健美操训练的方案制定。

（2）情感领域：①具备健全的人格与正确的人生观、价值观；②培养勤奋努力的学习态度及较强的团队协作能力和热爱大众健美操项目的执着精神。

（3）操作领域：①掌握基础动作的技术要领；②加强组合动作的速度与准确性，提高肌肉耐力；③学会识别大众健美操音乐类型和节拍及旋律；④初步掌握难度动作的技术要领，提高完成的难度；⑤提高身体素质；⑥提高成套动作的完成度，加强动作技术的规范，提升表现力。

3. 健美操"线上线下混合式"教学内容

健美操专项课"线上线下混合式"教学的关键是要分配好线上、线下的教学内容和教学时间。什么内容适合线上学习，什么内容以线下教学的方式才能取得更好的学习效果，这是在设计教学方案前必须讨论清楚的。因此，对健美操专项课的课程内容进行分析，并对课程内容进行分类是十分有必要的。可以根据知识表征来判断课程内容的类型，分为陈述性知识和程序性知识。

所谓"知识表征"，就是知识在人脑中记载和呈现的方式。陈述性知识是关于事实、定义、程序与规则是什么的知识，其表征形式有命题、表象、线性排序和图式。程序性知识，就是关于如何行动的知识，如动作技能、智慧技能及认知策略，其表征形式为产生式。确定课程内容的教学方式，也需要结合"线上"和"线下"教学模式的特点来进行。"线上"教学模式在时间、空间的选择上会更加自由，在线的学习资源也很充足，学生可以通过校园网登录 MOOC、超星学习通等在线学习平台获取自己所需的知识；"线上"学习模式可以跨时空地提供图片、视频等信息，且学生可以根据自己的学习进度和学习需要开展个性化的学习。"线上"教学的方式更适用于陈述性知识的学习。"线下"教学模式也有自己的优势，健美操专项课属于专业基础课，线下的教学有利于技术课的开展，学生可以更直观地接受教师的指导。健美操的课程特征决定了线下课程对健美操教学的重要性。除了动作技术的学习，在线下课中还可以加强师生之间、生生之间的交流，培养学生的集体荣誉感，并提供了良好的学习氛围。"线下"教学的方式更适用于程序性知识的学习。

健美操专项课的教学内容主要分为理论、技术和技能三个板块。其中理论板块的内容主要包括大众健美操概述、大众健美操术语、大众健美操教学理论和大众健美操训练，主要是健美操基础理论知识的学习，属于陈述性知识，可以采用"线上"教学的模式。技术板块的内容主要包括基础动作、组合动作、乐感训练、难度动作、素质训练和大众健美操成套动作，属于程序性知识，可以采用"线下"教学的模式。技能板块的内容主要包括示范、讲解能力和技术的讲解与分析能力。这一板块属于陈述性知识与程序性知识并存的综合性内容，因此，要根据课程内容的具体情况来判断是使用"线上"还是"线下"的教学模式。例如，可以通过"线上"观看示范讲解视频，了解做示范、讲解时的注意事项，学生可以通过在线问答及时与教师沟通交换意见。通过"线下"的示范、讲解模拟训练来完成实践练习。

第四节　高校体育翻转课堂教学模式及其实践

一、高校体育翻转课堂产生的背景

（一）信息技术的推动作用

第三次科技革命推动了信息技术的发展，随着计算机技术的推广应用，世界各国的生产日趋自动化，科学技术、国防技术乃至管理手段都越来越现代化。信息技术的变革辐射着人类社会的方方面面，其影响力巨大且深远，教育作为人类社会中的重要领域自然也会受到信息技术变革的影响。

在信息化时代背景下，人们重新审视原有的教育教学制度，重新设计教学模式，从而让现代信息技术在教育领域发挥重要作用。现代教育的目标也发生了一定的改变与扩充，即要求学生具备获取信息、分析信息、处理信息、加工信息的能力，具备较好的信息素养。

信息技术在教育领域的渗透极大地推动了教育教学的变革进程，在一定程度上改变了教师的教学模式与学生的学习方式。这是一种必然的趋势，因此，我们必须及时更新教育理念，对现代教育技术予以足够的重视，积极地探索信息技术在教育领域的有效价值，充分利用信息技术的优势发展教育教学事业。

（二）社会需求的推动作用

现代社会发展节奏快，要求人们快速地接受、理解新鲜事物，具备较强的学习能力，拥有较强的求知欲。在飞速发展的社会中，如果不能持续地学习、不断地完善自己，就很难适应时代的变化，人们应该顺应时代、紧跟时代，保持求知欲望，不断在新的时代背景下反思自己的生活。

在未来社会中，高层次人才除了要具备专业的知识技能之外，还须具备一定的学习能力、创新能力和发展潜力，并且还要具备自我个性。这就要求现代教育关注社会的需求与人才的培养，努力培养出满足现代需求的优秀人才。

（三）教育现实的推动作用

教育形势的发展可以从学徒制说起，在工业革命出现之前人们大多以这种形式开展所谓的"教育活动"。学徒制主要采用现场教学形式，教学场景基本是真实的工作环境，教学对象往往具有个别性，大多发生在代际，教学方式就是师父口述、示范，然后学徒在师父的指导下进行实践，学徒制教学模式下培养出了许多技艺高超的手艺人。

后来随着工业革命的兴起，工厂日渐规模化，社会对劳动力的需求增加，同时对劳动力的知识技能要求也有所提高。也就是说，人们迫切需要普及推广教育，扩大教育规模，提升教学效率，从而在短时间内获得更多的能满足社会需求的劳动力。显然，学徒制不再符合时代发展的要求，于是班级授课制就产生了。班级授课制是以班级作为教学单位开展教学活动的形式，通常，教师会根据设置好的课程时间表，向一些固定的学生讲授知识内容，这些知识内容往往是统一的。班级授课制满足了工业革命的需求，其原因在于它具备一些不同于以往教育形式的特点与优势，而这些优势实际上一直在教育领域发挥着重要作用。

具体来看，班级授课制的特点主要有三点。①班级授课制一是具有系统性，它能在规定的教学时间内让学生学到大量的知识，并且这些知识不是零散的；二是便于学生建立知识体系。②班级授课制采用"一对多"的教学模式，一位教师可以向多个学生授课，与学徒制相比，其教学效率得到了极大的提高。③班级授课制以"课"为标准，设置好的"课"决定着教师的教学进程与学生的学习要求，因此，教师在进行教学管理时也只需要以"课"为中心，统一学生的学习步调，相对高效。班级授课制符合工业革命在短期内需要大量人才的要求，其系统性、高效性是促进这一教育形式发展的重要优势。

随着计算机技术与信息技术的普及，人类社会再次有了突飞猛进的发展，信息化时代悄然降临。现代信息社会对人才的要求不断提高，要求人才具备一定的信息技术技能，还要具备应急处理能力，此外最好还具有一定的创新思维，勇于自主学习，具有探索精神，等等。与工业革命时期相比，信息革命再一次提高了对教育的要求。于是班级授课制的不足也显现了出来，人们必须开始探索新的教育形式。不管是工业革命还是信息革命，人们的思维观念都在这一次次的革命中受到了冲击，新的时代环境要求人们做出新的改变，终身教育与自主学习的理念成为人们推崇的新理念。终身教育要求人们终身学习，始终保持学习的热情；自主学习要求人们根据自己的需求和时代的发展，主动地、积极地开展学习，从而找到并实现自己的价值。

通过梳理教育形势的发展变化可以看出，第一次教育革命发生在工业革命的浪潮下，教育形式从个别的、单一的学徒制转变为规模化、系统的班级授课制。第二次教育革命则受到了信息革命的影响，教育形式开始逐渐由班级授课制转向更为丰富的终身教育、自主学习形式。时代的变迁、社会的发展影响着教育组织形式的变化，因此，要想促进现代教育的良好发展，就必须把握时代的脉搏，分析教育发展的现状，找准教育变革的出路。可见，教育变革正面临关键的转折，现代教育事业必须把握时机，积极变革。

（四）学生个体差异的推动作用

每个个体之间都存在差异，不同的学生也有着不同的学习需求，具体可以从以下两方面进行探讨。

1. 学生的学习风格存在差异

每个学生都有自己的学习风格。有的学生接受能力强，学习速度快，可能会早早地掌握课程内容，之后有可能对教师的反复讲解感到厌倦；而有的学生接受能力较弱，学习速度较慢，可能会觉得教师的进度太快，难以跟上课程进度，之后也有可能丧失学习信心。学习风格没有好坏，也与学生的智力水平没有关系。我们不能简单地认为学得快的学生就有着较好的学习风格。不同的学习风格还反映着不同的知识掌握能力。有些学生可能只是没有充足的时间来完成知识的内化，如果有了充足的时间，他们对知识的理解或许会比学得快的学生更加深入，对知识的掌握也更加扎实，对知识的记忆更加牢固。

2. 学生的学习动机存在差异

学生的学习动机并不会对其学习过程产生直接的影响，它更多地表现为间接的影响，良好的学习动机能有效增强学习效果。比如，意志力强的学生可以长期地保持一种积极的学习状态，从而实现预期的学习目标，而意志力较弱的学生则只能保持短时间的良好学习状态，容易半途而废。每个学生的学习动机都不同，教育教学应该关注学生的学习动机，为学生制订个性化的学习目标与合理的学习计划，为学生提供具有针对性的指导，从而帮助每个学生实现自己的学习目标。每个学生在认知方式、学习风格、学习动机上都存在差异，而这些差异共同构成了他们不同的学习需求，也可以说构成了他们的学习个性。要想满足学生的差异化需求就必须关注他们的个性，为学生的个性发展提供帮助。

二、高校体育翻转课堂的本质

翻转课堂是人们普遍接受的概念。随着翻转课堂定义的变化与完善，教育教学研究者对翻转课堂研究也日渐深入。

第一，翻转课堂就是一种教学形态，由教师创作录制教学视频，学生自己在课下观看视频，再在课上与教师进行交流，并完成教师布置的作业。此前，他们对于翻转课堂的表述大多基于其基本做法，比如学生晚上在家观看教学视频，第二天在教室完成作业，如果有问题就与同学讨论或者向教师求助。这种对翻转课堂的定义，主要是将翻转课堂教学与传统课堂教学相对比，由此突出其特征，帮助人们认识这一教学形式。

第二，翻转课堂是学生利用课前时间借助教师给出的教学资源，包括多媒体课件、视频材料等，自主完成课程的学习，然后再在课中与教师进行互动，一起阐释问题、探究问题，并且完成作业练习的一种教学模式。

第三，翻转学习改变了直接教学的空间，就是由群体空间转向了个体空间，使群体学习空间变得更具动态性与交互性，从而促进学生在学习过程中充分发挥自身的创造性与主动性，积极参与学科学习。"在体育课程的设计中，教师应当以学生的参与为主进行设计，培养学生的参与意识。"①

———————————

① 首洁. 以学生参与为中心的体育课程教学设计［J］. 运动精品，2019，38（10）：40.

综上所述，翻转课堂是将原来需要在课堂上完成的知识传授提前到课前，再将原来需要在课后完成的知识内化放到课堂中完成。至于翻转课堂的教学资源、教学信息技术以及具体的教学组织方式等，都不属于翻转课堂的原始要求，它们都是在翻转课堂实践发展的过程中延伸、演化出来的部分。

翻转课堂的本质是赋予学生更多的自由，将传授知识的环节放在课前，是为了让学生自由选择适当的、舒适的学习方式；而将内化知识的环节放在课中，是为了让学生更多、更有效地与教师及其他同学进行交流。"翻转课堂是信息化社会的产物，教育技术是实施翻转课堂的重要依托。"①

三、高校体育翻转课堂的特征

翻转课堂在许多方面都对传统课堂教学进行了革新，作为一种全新的教学模式，它具有一些颠覆传统课堂的突出的特征，翻转课堂改变了传统的教学过程，对课堂的时间进行了重新规划与分配，在传授知识的方式方法上有所创新，并且促进了教师与学生角色的转变。

1. 师生角色的转变

教学过程的颠倒、课堂时间的重新分配自然也影响着身处课堂之中的教师与学生，翻转课堂的特征之一就是师生角色的转变。在传统课堂教学中，教师几乎占据"主角"位置，但是在翻转课堂中，学生成了课堂的中心。学生在学习过程中遇到了问题可以向教师寻求帮助，教师主要负责为学生答疑解惑，提供及时的、具有一定针对性的指导，教师从以往的讲授者变成了学习资源的提供者，变成了学生学习过程中的引导者、帮助者。这也代表着课堂的中心不再是教师，而是学生。这种角色的转变向教师提出了更高的要求，教师除了要具备讲授技能之外，还需要具备搜集整理教学资源、录制教学视频、组织教学活动的技能。

与此同时，学生在这样的课堂上也需要充分调动自己的主动性，不能再被动地接受知识，而是要积极、主动地学习知识、内化知识。学生成为课堂的中心，就意味着学生将成为知识的主动建构者，他们可以按照自己的学习节奏、学习步调选择合适的学习时间与学习内容，遇到较容易吸收掌握的知识可以适当地加快学习速度，而遇到较复杂的内容可以放慢学习速度，反复观看教学视频，仔细探究学习。学生不能再一味地等待教师给出答案，而是要通过自己的努力寻找答案。此外，师生角色的转换也有助于拉近师生之间的距离，对营造良好的教学氛围有一定的益处，师生之间、生生之间可以交互协作，学生可以

---

① 王国亮. 翻转课堂引入高校公共体育教学的实证研究 [J]. 西安体育学院学报, 2019, 36 (1)：110.

在丰富的教学活动中掌握知识内容。学生角色由"被动接受者"变为"主动探究者"。

2. 教学方式的创新性

翻转课堂的又一重要特征就是对教学方式的创新，其中最具代表性的就是短小精悍的课程视频，教学视频是翻转课堂教学资源的集中体现。

翻转课堂中的教学视频则在一定程度上改变了传统课堂的被动局面，学生可以通过短小但内容丰富的教学视频来接受知识，还可以根据自己的需求暂停、回放、慢速播放视频，这有助于学生把握自己的学习节奏与学习进度，充分鼓励了学生的自主性发挥。在课前或者课下观看教学视频，也会让学生更加放松，在一个相对舒适的环境中学习，不需要神经过度紧绷，如果有不懂的地方还可以反复观看，强化记忆。在之后的复习巩固中，教学视频也发挥着重要的作用。

3. 教学过程的创新性

对传统教学过程的颠覆是翻转课堂最为突出的特征。一般来说，传统教学的过程就是"教师讲授知识—学生完成作业"，这种教学过程把讲授知识的环节放在了课堂上，将内化知识的环节放在了课下，主要由学生自己完成。

翻转课堂的出现将这种教学过程彻底颠覆了，它将讲授知识的环节置于课前，将内化知识的环节置于课中，将巩固反思的环节置于课后。具体来说，翻转课堂要求教师在课前就做好相应的教学准备，按照课程目标搜索、整理或自己制作教学视频，为学生提供充足的学习资源，这样可以让学生在课前就完成基础知识的学习，让教师在课前就完成教学讲授；在课中，学生可以在课前学习的基础上提出自己的问题与困惑，教师则能及时地予以解答指导，并且，教师还可以组织学生进行小组讨论、合作学习，让学生在课堂上就完成知识的内化；课后，教师同样可以为学生提供有针对性的学习资源，帮助其补充知识，巩固记忆，鼓励学生积极地学习反思。

可以看出，翻转课堂将传统教学过程完全颠倒了过来，并且对教学过程中各个环节的功能作用进行了重新定位。

4. 课堂时间的重新分配

对课堂时间的重新分配是翻转课堂的重要特征，具体体现在对教师讲授时间的缩减以及对学生学习活动时间的增加上。

在传统的课堂教学中，教师需要把大量的时间花费在知识的讲授上，学生只能被动地听讲。翻转课堂则改变了这一局面，它为课堂互动、师生答疑、探究讨论等教学活动留出了大部分的时间，期望学生能在相对真实的情境中完成知识的学习，并且学会交流与合作。由于翻转课堂将教师的讲授环节放在了课前，因此，它既保证了教学内容的充足，也有效地活跃了课堂氛围，提升了课堂互动性。这种对课堂时间的重新分配有助于加强学生对知识的内化程度，深化学生对学习内容的理解，并且课堂交互性的提升对之后教师开展教学评价也有一定的帮助，教师能通过学生的互动表现了解学生的学习状况，学生也能在教师的评价中进行反思，更加主动地把握自己的学习节奏和效率。可以看出，翻转课堂从整体上提升了课堂时间的有效利用率。

四、高校体育翻转课堂教学模式在乒乓球教学中的应用

乒乓球运动在我国有着非常广泛的群众基础，且在高校中也得到了广泛的普及与发展，是高校体育课程中的重要内容。然而，由于乒乓球自身所具有的学习特点与运动特点，决定了学生在学习乒乓球运动时，要注重其技术学习的精确性、规范性与连续性。

"高校体育教学翻转课堂模式能激发学生的学习兴趣和动机，培养学生自主、合作、探究的学习能力；拓展学生学习的时间和空间，形成师生协作融合的学习环境。"① 在翻转课堂教学模式中，学生在课前通过教师发布的视频来进行预习，在课堂中则是与教师进行讨论学习，能充分体现学生的主体性，有利于学生个性的发挥。

（一）翻转课堂模式下高校乒乓球教学的流程

翻转课堂教学模式是把传统教学模式的教学过程逆转过来，它分为课前、课中和课后三个学习阶段。

第一，课前学习阶段。课前，根据下节课学习的内容和目标，教师分享教学视频、图片和其他学习资料到班级微信群或 QQ 群，并根据下节课所学内容预留讨论题目和测试题目的时间。

第二，课中学习阶段。因为课前完成了教师教的部分内容，教师课上讲授的时间可以减少些，相应增加了学生学的时间，课中充足的练习有助于学生知识内化和对技术动作的掌握。课中首先要解决课前布置的讨论和测试题，这时要充分发挥学生合作学习和自主探究学习的能力，进行分组讨论，各组派代表或邀请教师进行讲解和示范。分组练习时，要注意照顾到学生的个体差异，统一和分层练习相结合。在教学实验前期学习者基础水平较差，要以统一练习为主；教学实验中后期学习者技术水平明显提高，但个体水平参差不齐，在统一练习的同时，遵循因材施教的原则实施分层次练习，让学生自主安排学习进度和练习进度，如此便可让每一个学生在课中获得最大效益，让每个学生都有更好的发展。

在练习过程中，指导学生利用手机互录教学视频，学生通过将自己的动作视频与教学

① 刘海军. 高校体育教学"翻转课堂"模式构建研究 [J]. 吉林体育学院学报，2015，31（3）：72.

视频中的标准动作进行对比，找出自己存在的问题。学生之间也可相互探究视频中各自的技术动作，及时发现问题并尽快地解决问题；教师也可以抽取一些学生练习的视频共享到班级群里，师生互动点评，运动技术问题及时得到反馈，知识和技能也得到巩固和提高。

第三，课后学习阶段。课后，教师在班级 QQ 群或微信群共享优秀运动员的技术动作视频供大家欣赏，学生可以和自己的技术动作视频进行比较，发现问题，师生通过 QQ、微信等平台进行讨论交流，答疑解惑，加深学生对标准技术动作的认知。

（二）翻转课堂教学模式在高校乒乓球教学中的应用策略

1. 教师课前准备，学生课前预习

教师在开展乒乓球教学活动之前，可以先通过各种途径收集与本课程相关的视频，也可以将乒乓球运动的不同技术动作与技巧归纳整理并录制成视频课件，然后在课堂中结合这些视频进行讲解。在此过程中，教师可以通过放大、慢放、重复播放等方式，并结合适当的语速与动作，生动直观地展示乒乓球运动中的重难点内容，使学生能更加仔细、精准地观看到乒乓球运动技术动作与技巧，以进一步加深学生对相关知识与技术的理解与记忆。

同时，建立微信群，将与乒乓球运动相关的视频或者微课发布到微信群中，便于学生随时随地进行自主学习。还应该根据发布的相关教学视频，提出一些难度适中的问题或任务，让学生在课堂上共同研讨，使其看完视频之后能灵活运用所学知识来解决问题，以提高学生自主分析问题与解决问题的能力。

通过课前预习的方式使学生带着对问题的思考上课，例如，教师在向学生讲解乒乓球运动的扣球技术知识时，应该先引导学生观看与扣球技术相关的视频，以使其对其中的动作与技巧有一定的了解，然后教师为学生布置相关的任务，或者提出相关的问题，使学生带着问题与任务进行学习。

2. 课中分组讨论、教师指导与实践练习

在乒乓球课堂中，教师可以将学生分成若干个小组，使小组内的成员相互交流、学习与讨论，并提出一定的问题，对通过共同讨论仍然不能解决的问题，可以报告给教师，然后教师再对学生的这些问题进行归纳整理，并进行集中性的讲解与示范。

随后，教师将时间交给学生用于实践练习，此时教师可以对不同学生的不同问题进行针对性指导，当学生熟练掌握技术动作之后，可以让学生组合练习。

例如，教师可以组织学生进行扣球练习，为每个小组定下目标，使每个小组在 100 个球中，完成 45 个扣球，对获胜的小组给予一定的奖励，没有获胜的小组可以适当给予一

定的惩罚。在这一过程中，教师通过小组竞赛的方式来组织学生进行扣球练习，鼓励学生为了团队荣誉而战，而且学生在比赛中能相互协作、相互帮助、相互监督、相互纠正，既有利于学生扣球技术水平的提高，又有利于学生团队合作精神的培养。

另外，教师也可以对每个学生的动作练习情况进行录像，然后与专业教学视频对比，找出学生动作的不足之处，并对其进行指导与纠正。之后教师可以通过学习成果汇报表演或者开展表演比赛等方式来对学生的学习情况进行检验与总结，同时让学生体验到运动之后的成就感与集体荣誉感。

"教学评价在一定程度上发挥着绩效评估的功能，只有充分了解评价对象、内容、主体、标准、方法和评价理念，才能最大限度地实现评价活动的效果，保证高校公共体育的教学质量，促进高校公共体育教学管理科学化，推动高校公共体育教学的发展。"① 到了学期结束的时候，教师可以通过组内评价、自我评价、组间评价以及教师评价等方法来对学生的学习情况进行总结与评价，以保证教学评价的公平性与合理性，从而全面提升课堂教学效果。

翻转课堂教学模式有利于学生身体素质的增强，有利于学生对运动技能的深入理解与掌握，有利于学生个性的发挥，有利于学生团结协作等精神的培养。然而，任何教学模式都具有一定的优势与劣势，翻转课堂教学模式也不例外。因此，体育教师在运用翻转课堂教学模式时，应该根据教学实际情况，结合翻转课堂教学模式的优点与缺点，有选择性地运用于乒乓球教学实际中，同时还应该加强安全防护措施，尽可能地避免运动损伤的发生，以最大化地优化教学效果。

3. 课后多加练习、交流提高

学生在课堂上对新的技术动作进行一定的学习掌握之后，在课下就可以对着专业视频进行反复的实践练习，当遇到一些问题时，可以寻求教师的帮助与指导，以更加熟练地掌握并运用这些技术动作，然后在此基础上进行适当的创新。

另外，学生也可以将自己比较满意的训练拍摄成视频并发布到微信群中进行分享与交流，而教师对学生的鼓励、赞赏与建议等都有利于学生技术水平的进一步提高。同时，教师还可以收集整理一些专业的教学与比赛视频，并发布到微信群中，以供学生观赏和学习，从而提高学生的鉴赏能力和学习效率。

教师还可以让学生拍摄自己在课余时间进行练习的视频，并上传到微信群中，作为课后作业，或者布置一些课上内容在线检测任务等，学生通常会为了将自己最好的表现展示

---

① 曹小芬，曹庆荣．普通高校公共体育课程教学评价的影响因素分析［J］．赤峰学院学报（自然科学版），2016，32（22）：102.

在群里，而在课后时间内积极认真地练习。

（三）翻转课堂教学模式在高校乒乓球教学中的保障策略

1. 明确教师的发展方向，提高教师信息技术水平

针对年轻教师对自身专业发展方向选择上产生的迷茫，应该明确专业发展方向。无论是科研型教师，还是教学型教师，提高教学质量是责无旁贷的。对年轻的科研型教师开展翻转课堂教学，应给予相应的肯定和鼓励，在职称评定的过程中应给予相应的加分，使科研型教师能积极投身到翻转课堂的建设和应用中来，提高其参与翻转课堂教学的积极性。对教学型教师，要鼓励他们搞好教学研究。对开展翻转课堂教学产生的研究成果给予评职加分，使教学型教师更好地开展翻转课堂教学，提高教学质量。这样就能使年轻教师找准定位，明确方向，更快进入角色，为高校教学改革注入鲜活的力量。

学校教研室可以组织教师进行信息技术的集中学习，或将信息技术学习纳入日常的教研活动当中，或请有经验的教师定期进行指导。提高教师的信息技术水平，有助于教师录制和制作优质的乒乓球教学视频。也可以组织专项团队，专门制作用于翻转课堂的教学视频，这样也有利于学习信息技术有困难的老教师开展翻转课堂的教学。

2. 加大学校政策支持力度

对翻转课堂在高校乒乓球课程中的开展和应用，学校的政策支持力度起着至关重要的作用，它是教学改革的助推剂。一是鼓励教师参加翻转课堂教学培训，请专家来学校做示范教学，让教师到同类学校培训、学习，使教师能较快地掌握相关的信息技术，提升教师的教学水平，从而提高教学质量。二是购置教学设备。翻转课堂教学借助多媒体设备才能开展，教师录制视频和后期制作视频都需要教学设备，需要学校投入财力、物力。没有学校政策的支持，就不能调动高校体育教师的积极性，翻转课堂教学的开展和应用就会成为空话。只有加大学校政策支持力度，才能真正使翻转课堂融入教学，推动教学改革的进程，提高教学质量，形成良性循环。

3. 优化场地场馆的使用

对高校乒乓球教学而言，体育场地、场馆是进行教学和练习的重要场所，学校应对乒乓球场地、场馆的建设和使用规则进行优化，增加学生使用场地、场馆的时间和机会，这样不仅有助于翻转课堂在乒乓球课中的应用和开展，更能增加学生对乒乓球运动的热情和兴趣，让学生更好地进行练习和比赛，提高学生的身体素质和技术水平。

4. 加强网络平台的建设与管理

如今我国绝大多数高校都实现了网络的全覆盖，这为高校翻转课堂教学模式的实施提

供了重要的基础条件。但是教师需要将收集、制作的视频发布到一个网络平台中，便于学生能随时随地观看与学习。如今，这样的网络平台非常多且杂乱，缺乏一个真正有权威的网络平台，这就导致教师和学生难以正确地选择网络平台，从而导致资源的浪费。因此，高校应该加强网络学习平台的建设与管理，为高校教师与学生的交流提供安全健康的环境。

与传统的教学模式相比，翻转课堂教学模式引入高校乒乓球教学中具有较多的优越性。它打破了这门课程在教学时间、空间上存在的壁垒，使学生更加深入地理解和学习乒乓球课程的相关知识和技术；教师也可以根据每个学生的特点，更好地进行指导。翻转课堂在我国高校教学中的应用仍然处于尝试阶段，广泛使用这种教学模式并实现其真正价值，有待每一位教师的不断实践与探索。

第六章 互联网时代高校体育教学的创新实践

第一节 新媒体时代高校体育教学的创新实践

以下以微信平台辅助武术教学为例，探讨新媒体时代高校体育教学的创新实践。微信平台的辅助主要是在课前推送上课的内容让学生先自主学习，课堂上教师再对武术的内容进行详细的讲解、示范，让学生再次认真练习，同时，让班长将学习过程录成短视频，课后发到微信群，师生、生生之间课后讨论，学生课后再自学、练习，最后实现教学的目标。

一、微信平台辅助高校武术教学的可行性

1. 当下互联网的理论基础

现如今互联网的蓬勃兴起，极大地促进了信息化社会迅速发展的进程，在互联网领域，越来越多的研究理论横空出世，如网络理论，它就是基于图论，研究网络的一般规律及网络流问题，构建网络的目的就是要把某种规定的物质、能量及信息从某个供应点最优地输送到另一个需求点，以期获取最短路径、最大流量与最小费用流的方法。再如，网络营销理论、互联网金融理论等相关理论实现了"互联网+"的崛起。还为经典的电子商务概论、计算机基础理论等提供了入门基石。

微信平台就是基于位置的定位服务，主要通过借助互联网和无线网络，通过三大运营商的网络获取移动终端用户的位置信息，在电子地图平台的支持下，实现了师生之间信息的传递。

2. 教师与学生对新媒体技术教学的热捧

在信息技术的引领下，政府部门逐渐提倡构建"数字城市""智慧城市"。当下，大学生的互联网普及率为90%以上，这为新媒体技术教学奠定了很好的基础，加之手机、电脑的应用范围越来越广泛，特别是手机因其便捷性受到了大众的喜爱，在手机客户端安装对应的 App 就能实现快捷服务。微信平台软件经过不断探索，平台系统技术十分成熟，微信功能的完善，实现了人与人之间便捷的交流，拉近了彼此之间的距离，人们在日常生活

中逐渐使用微信"包办"一切事务。而利于微信平台获取教学信息，已然成为师生之间最便捷的沟通途径。

3. 教学视频优化剪辑工具的支持

随着越来越多的视频剪辑、编辑工具的出现，如绘声绘影、iMovie、爱剪辑等，使教学相关视频得到优化，为学生的线上学习提供了优质资源。

4. 教育功能和资源的有效利用

微信的互动功能主要通过语音、视频、文字聊天、朋友圈和公众平台来实现，通过扫码加好友或者关注微信平台实现师生、生生之间的网络信息交流，教师向学生提供有价值的资源，通过教学某一话题形式，相互之间讨论、学习，或者教师分享相关文章进行阅读，以增强武术文化素养，达到育人目的。另外，武术教师优秀的教学资源对偏远地区的教师和学生来说是非常宝贵的资源，教师可以在保证版权的情况下利用微信平台传播，让他们也能了解不同地区的教学信息，相互学习，取长补短，最终实现资源的有效利用。

二、微信平台辅助武术教学的优点

第一，通信便利，互动性强。随着互联网"提问—答疑"的不断升级和完善，学生的交流方式从传统以邮件的互动转为"面对面"的互动，效率得到了极大提升，由于微信平台年轻化的特点，对学生而言，学生之间的通信变得便利，生生相互之间的互动得到了加强，师生之间的良好情感也得到稳固。

第二，发布信息及时、便捷。通过微信平台，教师可以充分利用其信息接收、发送的功能，教师可以及时将课件 PPT、短视频、语音信息等教学资源共享给学生，学生可以利用空闲时间及时学习，补齐短板，这种便捷的教学平台能使学生感到亲近，提高其自主学习的能力和学习兴趣。

第三，传播迅速，影响广泛。互联网的最大优点在于其对相关信息的迅速传播和分享，学生能"足不出户，却知天下事"。正因为它的传播速度快、影响广泛，因此有利于中华武术遍地开花，让学生更好地吸收精华，传播正能量。

第四，学习成本比较低廉。对微信平台辅助教学而言，其让学生学习的成本比较低廉，主要成本是流量费用。对学生的开销而言，现在中国网络运营商都出台了相关优惠套餐政策。另外，学生在校的校园流量也比较便宜，能满足学生空闲时间随时浏览教学资源的需求，这为实施微信平台辅助教学提供了保障。

第五，使教学课堂内容拟人化。微信平台辅助教学把武术课堂资源通过虚拟的网络形象生动地传递给学生，学生对这些资源理解起来比较易懂、易模仿练习，加深了记忆。而传统的武术教学课堂仅仅是学生跟着教师当面模仿学习，课后的练习、巩固和所遇问题得不到有效的解决，学生只能带着问题到下节课上解决，如果间隔时间过长，不利于学生技能的迅速提升。

第六，学习功能多样化。武术因其博大精深而源远流长，丰富的内容就需要多样化的平台来承载它的奥妙，传递它的人文价值。学生的学习方式自然呈现多元化，微信平台现在基本实现了信息分类、小视频编辑与链接、文字编辑、图案处理、自动回复、创建群聊、微视频及语音聊天、留言等多样化的功能，为枯燥乏味的武术知识学习增添了几分乐趣。

三、微信平台辅助高校武术教学的理论与方法

（一）微信平台辅助武术课程的教学模式与结构

武术教学模式是在特定的教学思想或者理论指导下，精心设计和组织武术教学实践时实施的各种武术教学活动的范式或者教学标准，其表现形式简化、简明易懂和方便操作。

武术教学模式与体育教学模式具有同一性，其都存在于一定的空间和时间中，空间上显现的是既定教学理论、目标，教师与学生在教学时所处的地位及其相互关系；时间上显现的是如何去安排教师的"教"与学生的"学"。故此，可以认为武术教学的基本结构就是这种在时间和空间上显现的既定教学理论、教学目标和师生安排。

武术教学模式的基本结构可以分为教学理论依据、教学指导思想、教学目标及其设计、教学实施条件与操作程序、教学手段与策略、教学实施原则、教学评价及其依据。

（二）微信平台辅助武术课程教学的指导思想

体育教学指导思想在体育教学过程中具有指导教学方向的作用，把教学目标及任务作为教学核心的基本观点和认识，它集中反映了特定时期下，社会对学校体育及其教学培养人才的要求，与社会、政治、经济的发展水平相适应，并且受到国家教育方针的指导和基本教学理论的影响，更是教学过程中的根本方向与目标问题。微信平台辅助武术课程的教学指导思想应该是在国家教育方针、基本教学理论和教学思想的基础上建立的体育教学指导思想，主要体现在"以学生的发展为中心""以学定教""问题导向"的人性化教学，其本质上提高了学生参与武术学习的主动性和积极性，发散学生学习的思维，结合实践体验让学生的综合能力得到提升，教学把"以学生为中心"贯穿始终，并且与课前知识的学习、课中和课后知识的内化、学生自主的学以及日常生活方式一脉相连，最后实现促进学生德、智、体、美、劳全面发展的目标。

微信平台是社会高度信息化下的产物，其参与教学与传统武术课堂教学存在差异。传统武术教学主要"以教师为中心"，知识与技能、讲解与示范占据整个课堂，并且采用的是大班选修课的教学形式。相反，微信平台辅助武术课程的教学以新媒体（微信平台）教学平台为学生构建了良好的网络学习环境，实现了师生课前、课中和课后平等交流的目标，对学生的培养由"灌输式"转变为有"针对性"地指导，让学生自主去探究武术的奥秘，学生是学习的参与者与主宰者，最后他们可以将探究成果、交流主题、体验乐趣、学习心得等分享给全班同学，实现知识与技能的深度内化，培养了学生的武术学习兴趣，提高了学生的综合实践能力，发展了学生学习的个性，这让教学与学习过程变得乐趣横生，师生关系更加融洽、和谐。

（三）微信平台辅助武术课程教学的目标设计

教学目标被视为日常教学的出发点和归宿，是评价教学质量的重要依据。教学目标是一个具有一定层次、序列、开放的概念体系，随着时代的发展而发展，受到社会需求和教学指导思想的约束影响。教学目标决定着未来教学发展的方向，更决定了运用哪种教学内容、哪种教学方法。因此，了解武术教学目标有助于武术课的教学设计，使武术教学实践取得预期的效果。武术教学目标是在武术教学活动或教学过程中教师和学生预期要达到的学习结果以及标准，在教学中的教学内容、方法、手段与策略等都按照此目标展开。

微信平台辅助武术课程的教学目标要贯彻遵循运动参与、运动技能、身体健康、心理健康和社会适应五个学习领域，武术教学目标设计得科学、合理、可行，对促进教学活动顺利地开展具有重要作用，我们依据武术课程的教学结构可将其设计为课前、课中和课后三个层次的教学目标，它们之间相互制约，并且都将认知领域、情感领域与技能领域贯穿始终。

1. 微信平台辅助武术课程课前教学目标的设计

由于微信平台辅助武术教学是一种"先学后教"的教学模式，这对学生提出了更高的要求，必须在课前进行线上自主学习，掌握武术教学内容，达到基本掌握基础动作技能和武术技术含义的自学效果，教师要及时对线上学习的学生进行指导、评价。

课前主要集中解决线上知识内容、技能和方法的选择问题，武术教学目标也就是让学生掌握新知识内容，领会武术基本动作，初步掌握学习武术技能的方法。在实际教学中，由于对学生课前线上自主学习武术知识、技能和相关练习方法等方面的要求较高，总会出现有些学生不能很好地完成自主学习内容的现象，也有的学生虽然完成了课前线上教学目标，但没有达到理想的效果，表现出不适应课前自主学习的形式。因此，这就要求我们在制定课前线上武术教学目标时，不应该只考虑掌握新知识内容及领会武术基本动作和初步掌握学习武术技能的方法，还要包含情感类教学目标，依据学生的实际情况，注意观察学生学习的情绪，培养其学习兴趣和学习的持久性，端正学习武术的态度，了解学习的动机，丰富学生的价值观，最后达到学生能自主学习并取得较理想的效果的目的。

除考虑上述内容外，设计课前武术教学目标还须考虑认知目标、技能目标和情感目标三者之间的联系。当然，由于学习个人、小组之间也有差异，在实际教学中设计个人、小组教学目标就显得非常必要。因为小组教学目标的设计有利于促进小组成员之间的互动交流和督促指导，进一步提升小组学习水平；而个人武术教学目标主要依据学生学习武术存在的问题而提出，充分考虑到个体的差异性，具有较强的针对性，以期能激发学生学习武术的兴趣爱好和锻炼需求，让个体的武术学习能力有所提高。个人、小组教学目标是对学生学习武术的正确引导，对个人、小组学习提出了针对性更高的学习要求，这不仅可以端正学生学习武术的态度，还可以培养学生的兴趣，拉近师生之间的距离，让学生感受到武术教师的关怀与督促。

2. 微信平台辅助武术课程课中教学目标的设计

课前，学生尽管通过线上自主学习了武术教学内容，但由于自主学习中教师未能参与面对面的指导，学生对武术技能要领，重难点及锻炼方法方面肯定存在认识不足的问题，还需要进一步规范。武术课中的教学目标主要如下。

第一，让学生进一步掌握武术技能要领，重难点及锻炼方法。

第二，课中目标要体现运动参与目标、技能目标，以增强学生的体质、促进学生的身心发展和注重体能发展为根本，还要顾及学生的全面发展。

第三，要在课中内化线上学习的教学内容。在线上学习，学生仅仅对教学视频、文字等素材进行了初步的了解和学习，实践中缺乏指导，这就会导致对新知识内容、技能和锻炼方法不能完全吸收，还需要进一步内化，学生才能从身体、心理两个方面进行深入的体验，达到增强个人体质，促进身心发展和提高学习能力的效果。

第四，要注重学生在武术课中的情感体验目标和综合能力目标。学生在课中的言行举止、学习态度和兴趣爱好都流露着对武术课的看法及在这个过程中的情感状况，这也是端正学生学习武术态度、动机和价值观的重要环节，而课中武术教学目标设计的最终目的就是提升学生的综合能力。因此，课中教学目标极其重要，关系到知识的内化、学生的发展和情感的培养，是实现理想教学效果的重要航标。

3. 微信平台辅助武术课程课后教学目标的设计

不管是传统教学还是微信平台辅助武术教学，在课后教学过程中进行总结与反思是必然的，而两者的区别是学生是否进一步巩固练习武术技能，拓展武术知识，注重武术自学、课后线上讨论及其相关的练习方法，从而推进武术教学进度，提升武术课堂教学效果。因此，微信平台辅助教学下的课后教学目标设计主要考虑两个方面内容，即进行武术课后总结与反思和进一步巩固练习武术技能，拓展武术知识，注重武术自学、课后线上讨论及其相关的练习方法。

（四）微信平台辅助武术课程的教学实施条件与操作程序

1. 微信平台辅助武术教学的实施条件

为了使微信平台辅助教学的实施效果更有保证，就需要周密的实施条件，主要包括线上教学平台设施齐全、对师生利用微信平台的培训、流量充足与娴熟的视频剪辑技术、学校教学管理部门的大力支持、学生具备高度自主和自觉的学习能力等方面。

（1）线上教学平台设施齐全。微信平台辅助教学主要由线上微信公众平台与微信群和线下实际教学课堂组成，并实现了新媒体信息技术与实际课堂教学的高度融合。上传武术教学视频、线上的教学评价、了解学生线上学习情况和线上学习的监督等都需要微信平台的支持，这是实施微信平台辅助教学的前提和基础保证。随着我国互联网技术的逐步完善，电脑、智能手机已经成为高校教师和学生的必备品，很多高校加大了对多媒体教室建设的力度，逐步全面普及网络教学设施，这为实施微信平台辅助教学的线上教学平台提供了一定的科技支持。

（2）对师生利用微信平台的培训。教学伴随着社会的发展不断变革，而教师要适应社会发展的潮流，就有必要进行专门的培训来提升自己的教学能力。微信平台辅助教学作为一种全新的教学方式，其在武术教学理念、目标、实施及评价方式等方面都会突出"新异"，与传统的体育课堂教学形成鲜明的对比。就教师而言，实施微信平台辅助教学需要其进行角色转换，转变教学理念、方法、手段、管理等，还需要具备熟练掌握计算机操作的能力、武术教学资源的筛选与整合能力及武术专业素养，这些全新的教学方式必须经过专门的培训才能顺利实施微信平台辅助教学。对学生而言，这种教学方式把学生放在主体地位，学生学习知识的载体和体系结构发生了翻天覆地的变化，学生如何充分利用微信平台进行课前、课后自主学习、如何评价、如何操作等都要经过培训才能适应教学，确保取得良好的教学效果。

（3）流量充足与娴熟的视频剪辑技术。微信平台辅助教学中，武术教学视频的剪辑需要娴熟的技术支持，视频播放需要有充足的流量或者说具备额定的资金，这是保证微信平台辅助教学顺利开展的关键因素。因为教学中高质量的教学视频比较缺乏，要制作短小精悍、清晰全面、重点突出和吸引力较强的视频需要花费大量的人力、物力，需要经过很多次的录制、剪辑才能达到所要求的质量和效果，教师要达到这种视频效果的要求就得掌握基本的视频剪辑技术。另外，学生观看视频得耗费一定的流量，当下，各高校的校园网收费实惠，学生完全有能力承担，以此确保微信平台辅助武术课程顺利实施，达到较理想的效果。

（4）学校教学管理部门的大力支持。现在各个高校都有其固定的教学管理部门，负责日常教学活动和拟定相关的教学规章制度，对教师的日常教学提出了明确的要求和任务。然而，微信平台辅助教学与传统课堂相比较，其对教学组织与管理、教学评价、教学理念等方面与传统规范性的教学管理存在较大差异，微信平台辅助教学讲求学生为主体，发展学生自我评价、自我监督、自我分析问题及亲身实践等综合能力。这在一定程度上讲，还需要先得到教学管理部门的大力支持，才能保证顺利实施平台辅助教学取得理想的效果。否则，武术教师实施微信平台辅助教学犹如纸上谈兵。

（5）学生具备高度的、自主的和自觉的学习能力。微信平台辅助教学讲求"以学生发展为中心"，学生学在前，教师教在后，这就要求学生具备高度的、自主的和自觉的学习能力，完成教师要求"自学"的任务安排。相反，如果没有完成"自学"的前提，微信平台辅助教学就失去了意义，只能回归传统以讲解为主的课堂教学模式。根据以往的教学经验发现，学生因其理解事物的视角不同，在学习能力上存在差异，故学习的自主性、自觉性也就因人而异。因而，在实际教学过程中，还得监控学生在线学习进度、自学过程中存在的问题等，然后进行分析、提出策略，对不同的学生因材施教，完善武术教学设计，对学习自主性、自觉性较差的学生及时督促、管理，提高其学习的自主性、自觉性，确保微信平台辅助教学顺利实施，提升课堂教学效果。

2. 微信平台辅助武术教学的操作程序

微信平台辅助教学离不开常规课堂，依然把教学看成一个整体系统，包括课前、课中和课后三个操作程序。从微信平台辅助武术教学的操作程序来看，师生之间的交流始终离不开课前、课中和课后三个环节，武术教师是影响微信平台辅助教学效果线上、线下学习的关键因素，教师缜密的教学设计、良好的教学组织与管理对课堂教学至关重要；而学生的自主性、自觉性是影响武术教学效果的外在因素，学生学习的自觉性、自主能力可以在教师的指导下慢慢培养。因此，只有处理好武术教学程序的影响因素及其关系，才能保证微信平台辅助教学的实施。

课前，教师向学生提供相关的武术学习资料，对其进行加工、编辑，并对学生学习情况进行摸底，达到较好的学习效果；课中，教师进行教学组织与管理，集中解决自学问题，开展常规课堂及教学过程中的问题；课后，教师进行课堂总结，评价教学效果，调整并优化教学方案。

而学生需要进行课前线上学习，观看视频、浏览文字资料、讨论某个话题、自我进行技能学习等完成前期的学习工作，为课中学习奠定基础；课中，学生需要进一步内化知识，课堂展示自学的知识、技能，对存在的问题进行小组讨论、练习，达到预期的教学目的；课后，学生对自己的学习进行总结，并提高和巩固武术技能，达到动作定型、规范。

在实施微信平台辅助教学的过程中，线上、线下教学实际就组成了一个完整的教学系统，教师可以从多途径考查学生学习的特点和需求，运用多种教学方法手段来营造学生良好的习武环境，达到武术教学的预期效果。

（五）微信平台辅助武术课程的教学手段与策略

为了实现学校体育教学的目的和武术教学的任务，教师常常需要采取相应的教学手段。体育教学手段是体育教学传递信息、情感的媒介物以及发展体能和运动技能的操作物。教学手段是在体育手段的基础上延伸出来的，它是教师为了锻炼学生身体、增强体质、抵抗和预防疾病以及提高学生运动技术水平时采用的各项活动内容和方法的总称。而武术课程的教学手段就是在武术教学实践中，教师所采用的每一个单个动作、成套动作及各种教学方法。

常见的教学方法有发现法、反馈教学法、尝试教学法、六因素教学法、自学辅导法、程序教学法、情境教学法、探究式教学法、成功教学法、小组教学法等，武术教学主要以小组教学、探究式教学、微信平台辅助教学、自学辅导等方法结合完成教学任务，提高教学效果。

体育教学策略就是教学方法在实施过程中的具体运用和有效行为，是教师教学智慧和教学艺术的充分体现。武术课程的教学策略就是在教学策略的基础上的进一步延伸，它是指武术教师为了有效地完成武术教学目标而采用的武术教学程序、方法、形式、媒体等因素的总体思路、谋略与智慧。

由于微信平台辅助武术课程的教学，其由"教师中心法则"变为"学生中心法则"，教学要精讲多练，主要体现以学生为主体、教师为主导，让学生积极主动地学习的素质教育的特征。为了提升学生的核心素养，武术教师在教学策略上要大力提倡自主学习、探究学习和合作学习等新型学习方式。基于教学实践情况，我们把微信平台辅助高校武术课程的教学策略分为课前策略、课中策略和课后策略，这三个教学策略又包括教学实践中不同的具体策略。

课前策略包括微信平台建设策略、教学目标设计策略、教学内容选择策略、教学组织策略、教学监督策略、教学效果评价策略等。

课中策略包括教学目标设计策略、教学内容实施策略、教学过程的组织策略、教学监督策略、教学效果的评价策略等。

课后策略包括师生总结交流策略、教学反馈与完善策略、教学监督策略等。

武术教学策略的运用蕴含在武术教师的实践之中，武术教师对教学策略有清晰的认识和理性的思考，对整个教学过程起到监督、调控和优化的作用，有利于达到有效的教学水平和预期的教学目标及课堂效果。因此，微信平台辅助武术教学的各种教学策略，主要对课堂教学的各个环节进行科学监督和优化，使教学各要素之间紧密连接，学生达到"学"的目的和"教"的效果。

（六）微信平台辅助武术课程的教学实施原则

1. 科学性原则

武术教师在实施教学时，不能凭着主观经验和直觉，应该从武术课的结构、功能、指标、教学过程等全局性考虑"教与学"，依据武术课的教学模式对教学方案进行反复的修改，确保武术教学的各项指标都合理，学生基本上能完成，并且能达到武术教学的要求。因此，只有运用科学的理论、态度、方法去研究教学、分析学情、设计教学方案，才能促进教学有序开展，达到良好的教学效果。

2. 区别对待原则

针对不同学生的个人特点，生理、心理特点，身体条件等实施区别对待，它是教学应遵循的重要原则之一。我们在进行武术教学设计、教学过程中，就需要考虑那些影响学生学习的相关因素，对待学生要做到既关心全体学生的进步与成长，又要关心学生个体的进步与成长。为了在武术教学工作中取得较理想的教学效果，就得处理好武术教学中的"全体"与"个体"两者之间的关系。例如在进行分组教学时，就要考虑学生之间的差异，可以运用"同质分组"与"异质分组"的教学形式，根据授课学生各自的实际情况，制定比较符合个人的学习目标、方法、策略等，逐步创造自由、平等、和谐的武术学习氛围，搭建好师生之间融洽的关系，引导学生对学习武术产生浓厚的兴趣，让每个学生在这个领域各显其才。

3. 安全第一原则

校园安全和教学安全一直是学校教育和管理的重点，强调要把安全放在第一位。然而，近些年来各大媒体、网络等对出现的教学事件的报道依然屡见不鲜，可见我们的教学安全工作还是有疏漏和不足之处。为了确保武术教学课堂的顺利开展，保障学生课堂上的安全，教师只有在教学设计、实施的过程中严格按照安全为先的目标导向，通过教学目标的引导去分析学情，学生才能在学习武术技能的过程中尽最大可能减少运动损伤或其他事故伤害。

4. 协作学习与自主学习相结合原则

对当代学生的教育，我们实行信息化教学时要高度重视培养学生的协作学习与自主学习的能力。协作学习就是要求学生与同学合作、相互帮助来完成教学任务，有利于在教学中培养学生的团结意识和同学之间的良好交际。但在这个过程中也不能忽视学生的自主学习，应充分培养他们的独立思维模式。其实，它们之间是相互统一的，因为在进行协作学习的过程中，学生就是在自主学习与探索的基础上进行协作学习而达到学习目的。因此，教师在设计教学活动时就要将学生自学、小组合作的形式结合起来，以此激发学生学习武术的积极性、主动性，尽最大可能展现每个学生的学习优点。

（七）微信平台辅助武术课程的教学评价及其依据

教学评价就是对教师的"教"或教学工作和学生的"学"或学习质量做出客观衡量以及价值判断的过程。武术教学评价的结构流程应该是确立评价依据、确立评价主体与客体、制定评价标准和指标体系、收集评价信息、整理与评判评价结果、监督等方面，它们之间是相互关联的整体。

微信平台辅助教学下的武术教学评价系统主要包括线上评价和线下评价两个方面，线上评价体现在课前实施环节，线下评价体现在课中、课后实施环节，武术评价的实质就是对"课堂效果和影响"两个方面的价值判定，目的在于实现"以评促学""以评促教"，使教学朝着预期的目标发展，让教学过程变得更加完善并能提高"教"与"学"的效果。

1. 微信平台辅助武术教学的课前评价

（1）对学生"学"的评价。微信平台辅助教学下学生对课前知识的学习形式主要是对感性资料的浏览和武术动作的模仿体验，学生对知识、技术动作的学习还处于"预激活"状态，微信平台辅助教学下的课前评价就需要遵循学生对武术知识的掌握程度、武术技能的自学情况，并对他们的学习进行监督。否则，就不能完成微信平台辅助教学的进度和任务。

在评价方法上，对微信平台辅助教学的课前评价主要是通过线上学习评价，通过线上调查测验学生对武术视频内容的理解与掌握情况。线上测验是线上教学平台的重要板块，武术教师将教学材料上传到平台后，就要根据教学内容的重难点来设计线上测验题目，学生自学后进行线上测验，反馈对自学内容的掌握程度，武术教师根据答题反馈的信息，师生和生生之间线上的讨论、交流及时掌控学生对知识、技能的学习情况。对线上学习过程的评价则可以参考学生浏览平台资料的次数、时间、师生线上讨论和交流的情况、线上问卷等方法获取信息，并依据武术教学目标对课前线上学习过程进行评价。

（2）对体育武术教师"教"的评价。微信平台辅助教学下课前武术教师的主要任务是建设线上微信教学平台，筛选教学资料，编辑文字和制作相关教学视频等各种工作，并将这些学习材料按照要求上传到平台，供学生自主学习。其中，线上微信教学平台建设的质量会对学生自主学习的效果产生重要影响，也是对武术教师课前教的主要评价内容。微信平台辅助教学是教学走向信息化的具体开展形式，我们在这个基础上就可以参照教育部出台的《网络课程评价标准》和《网络课程评价规范》对教学平台的质量予以评价。还可以通过专家访谈法和学生的信息反馈法，对线上教学平台进行评价、改进，真正达到"以评促建"的评价效果。

2. 对武术课程课中"教"与"学"的评价

武术教学中教师"教"的课中评价的主要内容有教学目标、内容、组织、方法与技巧、效果等方面，武术教师在课中的主要任务是组织学生参与武术技能练习、集中纠正课前自学存在的问题，让学生自学的知识、技能得以内化、巩固，实现预期的武术教学目标。而预期的武术教学目标是评价的主要参考依据，教学必须遵循它。对武术教师的评价方法主要有自我评价、同行专家评价、学生评价三个方面。

对武术教学中学生"学"的课中评价内容有武术基础知识、身体素质、武术技能、学习态度与情感、学习能力等方面；评价类型有诊断性评价、过程性评价和终结性评价；在评价方法上包括定量与定性评价、绝对与相对评价和个体内差异性评价。因此，微信平台辅助教学课中的评价主体离不开教师本人、学生、同行专家和教学管理人员，评价方法上可以采用多样化的形式；而对学生学习效果的评价可以通过小组和个人展示、教学比赛、学生自评和互评等形式来获得教学评价反馈信息，从而实现教学评价的多元化。

3. 微信平台辅助武术课程课后评价及教学的成绩评定

传统武术课的成绩评定，武术教师的评价占主要部分，在学校教学大纲及统一的评价标准下，武术教师以试卷理论测验、武术技能打分方式，并将两者的成绩综合起来作为主要评价依据。但这种评价形式表面上看起来公开透明、合情合理，实质上没有考虑学生个体的差异，不能达到"以评促教、以评促学"的评价效果，部分学生有可能失去学习武术的兴趣。

因此，微信平台辅助武术课程课后评价中我们要遵循多元化评价模式，因为一学期结束后，学生最终要获得学分和相应的武术课程分数，而这个成绩也反映了学生通过微信平台辅助教学后学习武术的效果，关乎武术课程的进一步开展。在这种多元化的评价形式下，评价者就不只有武术教师，还应该包括学生自评、生生互评和小组评价。另外，还要考虑到学生的个体差异、学习兴趣、进步程度。基于此，微信平台辅助武术教学的成绩评定就要体现多元化、全面化，考核方式就要把武术知识、武术技能、身体素质、课堂出勤、线上学习等都作为考核指标，并占有一定的比例，合成一个综合性的评价结果。

综合多方影响因素和实际情况，微信平台辅助武术教学的成绩评定主要运用了武术教师评价、小组评价、学生自评、生生互评、武术理论测验、武术技能考核、身体素质测试、课堂出勤八个方面的考核，形成了一个综合性的评价成绩。

武术教师评价、小组评价、学生自评和生生互评主要对线上讨论情况、浏览次数、自学程度、课堂积极性和进步程度进行打分；武术理论测验主要对武术基本知识的掌握和理解以试卷的形式进行闭卷笔试测验；武术技能考核由武术组的教师打分，去除最高分和最低分，并对剩下的分数取平均值作为技能的最终成绩，任课教师参与组织学生，不参与本班的考核；身体素质测试主要依据《国家学生体质健康标准》选择测试的指标。

四、微信平台辅助高校武术教学的价值

1. 注重"健康第一"，培养学生的习武意识

多年来，在我国学校体育教学中，坚持把"健康第一"的教学指导思想放在首要位置。随着时代的进步，我们的学校体育教学迎来了新的机遇与挑战，根据当下学校体育教学的现实情况，传统以讲解、示范为主的体育课堂教学组织形式已经不能满足学生自主探究、积极实践的要求。

微信平台作为新媒体下的产物，其主要是适应新时代的要求，融入信息技术辅助武术教学，让学生实现在线虚拟学习和线下师生交流、探究，体验武术的魅力，培养学生学习武术的兴趣，促进学生养成良好的习武意识，并且在习武的过程中能够锻炼学生的身体素质，让学生保持心理健康，提高学生的社会适应能力。

另外，现在微信媒体在大学生中广泛使用，大学生仅消耗部分流量甚至可以通过一些免费无线网就能接收新信息。所以，在高校武术教学中利用微信公共平台发布有关武术、健康、文化等信息，传播武术有助于健康的理念，让学生自主选择感兴趣的武术内容进行学习、探究，从而对武术产生浓厚的兴趣，潜移默化地习得习武意识。

2. 有利于高校武术教学的信息化发展

基于信息化、现代化的 21 世纪教育，手机、电脑等信息传播终端已经成为大学生的必需品，是实现远程教育的基本条件，我们的教学融合信息技术显然很有必要，也是当代

学校教育改革发展的必然趋势，新媒体信息技术的广泛应用，对促进教学质量的提高、进一步优化人才培养方案起到重要的作用。

微信平台作为信息时代背景下的产物，将其融入武术教学，是顺应时代的发展要求，符合当今社会大学生的习武需求，能让学生的武术学习变得更加自主，彰显学生学习的个性，体现武术课堂的趣味性，从而促进高校武术教学的信息化发展。

3. 协调教学中教师共性化教学与学生个性化认知的关系

班级授课制度实施以来，我们的学校部门和监督部门为了便于统一管理，必然要强调标准化或者共性化教学。但学生的个性化教育也不容忽视，应在标准化模式下，根据学校发展水平和学生自身情况，合理安排教学进度，实现教学差异化、多样化发展。

共性是指事物发展中的共同性质或共同属性。微信平台辅助教学的共性化就是武术教师将武术教学内容统一传至微信平台让学生课前、课后自主学习，课中依然需要对所有学生进行讲解与示范，带领学生一起学习武术技术，促进身体健康发展，这种师生共同学习的武术教学形式，就是主要解决教学中存在的普遍现象，从教学设计到实施过程体现的就是武术教学的共性化。

另外，微信平台辅助教学还有助于实现学生个性化的认知，我们可以把武术教学目标设计成小班级教学目标、小团体教学目标、个体教学目标。在实施武术教学的过程中，学生课前可以利用平台预习相关武术教学内容，自主学习并把握好时间、进度等；武术教师在课中对学生个人存在的问题进行纠正，并有针对性地讲解与示范标准动作，学生课后也可以通过微信平台进行自评，检查学习效果。

因此，微信平台辅助教学的实施正好解决了高校武术教学共性化和学生个性化认知的矛盾，有利于学校武术教育的良性发展，进一步优化武术课堂教学效果。

4. 创新和丰富高校武术教学内容和教学方式

对民族的稳定发展来说，创新是破解阻碍的动力，对学校来说，创新是高校教学向前发展的基石。根据我国学校体育的实施情况来看，课余锻炼与课堂教学是促进学生身体健康的重要途径。在传统武术课堂教学的组织与实施基础上，可融合微信公众平台辅助武术教学的方式来提高学生的各项身体素质。

武术教师可以充分利用微信公众平台的优势，把与课堂教学相关的资料上传到对应的微信平台板块上或自己所负责的班级微信群里，让学生关注微信公众号或加入班级微信群后就可以接收和了解与武术相关的知识，学生便可以随时阅览、学习。另外，师生之间、生生之间还可以针对某个与武术相关的话题展开讨论，也可探讨武术技能、体质健康，或发布武术赛事等，激发学生学习的兴趣。利用微信平台辅助教学能减少课堂教学的部分负担，提升武术教学空间，让学生学习的时间和实践变得更灵活，还可以帮助学生实现约同伴、找队友去参与课余武术锻炼，这种让学生在现实与虚拟之间的学习、交流，让枯燥单调的武术课堂变得丰富和充满趣味，并能促使学生积极锻炼身体，达到良好的教学效果。

5. 促进高校武术教学效率和质量的提高

效率是说人们在做某件事情时，在额定的投入、技术等条件下，最有效地运用现有的资源去满足既定的愿望。质量原指产品、事物的优劣或物体惯性的大小，我们在这里指代通过某种方式或手段满足教学的总体特征和特性。提高武术教学效率及质量，就是要通过利用现有技术提升武术教学事半功倍的效果。武术教学实验的结果表明，微信平台辅助教学下，学生的武术技能掌握情况、个人锻炼态度及传播武术文化方面均好于传统武术教学，这充分表明通过微信平台辅助教学有助于提高武术教学效率和质量，实现课堂教学的良性发展。

6. 加强师生之间、学生之间的人际交往能力

建立教学班级微信群为不同专业的学生一起学习武术搭建了平台，进而让学生之间的交流、沟通产生交集。对刚进这种教学班级群的大学生来讲，通过微信平台与不同院系的同学进行交流，是一种新奇的体验，能迅速提升大学生之间良好的人际交往能力，产生积极的作用或效应。另外，还可以拉近师生之间、生生之间的距离。学生可以把群里的教师和同学加为好友，相互沟通，倾诉内心所想，这对于那些比较内向的大学生来说是比较合理的发泄与自我调节的途径。

进入大学后，学生将面对学业与未来就业的问题，无形之间增加了学生的心理压力，由于学生对熟人之间存在顾虑，并不能完全倾诉心情、释放压力，但通过班级群里面的陌生同学或者教师，可以忽视身份和关系的"标签"，学生反而能积极地倾诉个人所想和表达真实的情感，减缓了心理压力。因此，这种师生之间、学生之间平等的沟通，正好拉近了人与人之间的心理距离，提高了人际交往能力。

五、微信平台辅助高校武术教学的策略

1. 做好微信平台的监督及建设工作

微信平台应用到武术教学中，教师可以利用平台对视频、图文、上课注意事项等进行编辑和推送，统计学生学习武术的情况，这种方法尽管很方便，但是在课后监督学生学习的机制方面依然还存在许多问题，需要进一步完善。教师要想很好地发挥微信平台的监督作用，需要根据学生自身情况去优化和调整教学方案，指导学生有选择地学习，端正态度。否则，在课后、课前的学习过程中，对个人自控能力比较差、不热爱学习的学生而言

是徒劳的，直接影响了学生进步的空间。

另外，对微信平台的建设工作也不能忽视。教师要做好武术教学内容的上传工作，对知识性较强的武术理论资料通过个人制作的 PPT、音频、文字等形式展示给学生，而对于实践性较强的武术技能资料可以剪辑成短小精悍的视频或动画推送给学生，让学生的学习方式变得灵活，易于模仿和领会武术动作要领；在师生交流与答疑方面，可以充分利用班级群和公众平台的留言模块，教师对学生学习反映的问题集中处理，为了不影响教师休息，师生最好统一在规定时间集中学习与讨论；教师在线测评与评价方面，可以运用一些简单的褒义词或聊天表情，根据学生的情况进行点评，以激发学生的学习热情，培养其良好的武术兴趣，让学生对课堂知识的学习充满渴望与信心。

武术课程学习的监督是为了更好地了解学生课前、课后学习武术的动态，引导学生积极主动地学习，培养学生学习的自觉性。而建设好微信平台，是确保学生实现武术学习成效的重要途径，也是保障教师达到良好的武术教学效果的主要条件。

2. 以多元化形式评价武术课程

武术课程评价的目的在于检验学生学习武术的实际情况以及身体健康发展状况，也为学生展示自我学习能力、水平、个性等提供了平台，进一步鼓励和促进学生学习武术的积极性。因此，在进行武术课程的教学评价时应将教师评价与学生自评、互评及小班评价、小组评价等充分结合起来，既要强调教师对学生的外部评价，也要强调学生的评价主体，对自己的学习情况做出客观评价。例如通过自我评价、生生之间相互评价，邀请家长参与评价等形式形成一个综合性的学习评价结果。

评价武术技能水平时，不能过度强调打分"评价标准"，应该根据学生学习进度适当地调整标准，结合学生学习武术的课堂表现、在线学习与交流情况、小组学习成果展示等对武术课程评价做出最终的综合评价结果。这样的评价可以减少教师单方面评价的片面性，确保教学评价结果的公正性，从而实现武术课程评价的多元化。

3. 提高武术教师的综合素养与能力

武术教师作为履行学校教育教学职责的专业技术人员，不仅承担着教书育人、培养武术人才、传递武术文化的任务，还是学校一切体育活动的组织者与指挥者。换句话说，武术教师教学的积极性、个人素养的高低，对全体习武学生的教育和健康会产生重要作用，关系到学生的全面发展和学校在社会上的形象。

"互联网+教育"对武术教师提出了更高的要求，由于人类知识、信息传播和教育理念的更新速度加快，21 世纪的教师就更应该积极主动地顺应全球化、信息化教育时代的号召和需求，与时俱进，更新教育理念，并且通过自学、在职培训、提高学历、加强教学科学研究等途径提升个人专业化发展，保证武术教师能适应当前教育和社会发展的需求。充分利用手机微信平台辅助武术教学的特点，并不是"放羊式"地组织学生学习，而是注重武术教学的"以学为中心"的理念，重在武术课堂学习过程的内化、课后的总结与反思及微信平台线上的答疑，这与武术教师的教学设计、计算机应用能力及专业素养密切相关，武术教师必须深入认识和理解新媒体教学的重难点，完善自身已获取的知识结构，不断提高自身的专业化水平。

可见，提高武术教师的综合素养与能力，不仅是实现武术教师教育创新的战略选择，还有利于武术教师队伍整体素质的提升，为落实微信平台辅助武术教学提供了可行性。

4. 把武术教学的安全防范工作放在重要位置

教学安全是保证武术教学顺利推进的必要因素，师生强烈的安全意识是确保学校教学安全的必要条件。总结我们目前武术教学的安全因素发现：学生的身体素质、学习武术的态度和良好的安全行为习惯，以及武术教师对武术课的组织与安排、工作态度和责任心是影响高校武术教学安全的主要因素，特别是武术教师的安全意识极其重要，因为在整个武术教学过程中，武术教师对课堂教学的顺利实施起主导作用，更是引导学生进行正常的、安全的武术活动的指导者。同样，微信平台辅助武术课程，其安全问题依然需要高度重视。学生在课前和课后通过微信平台和班级微信群进行线上自主学习，并尝试进行技能练习时，武术教师必须对要学习的内容进行运动损伤风险评估，加强学生练习武术技能时的安全意识，充分做好对学生"学"与"练"的安全防范工作。例如武术教师运用班级微信群或微信公众平台将上课中、课后的安全事项编辑成文字、PPT、动画视频等推送给学生，从而避免学生习武过程中运动损伤的发生。

5. 勿要忽视教师的主导作用

微信平台辅助武术教学中，武术教师把课堂部分时间分配给学生，让学生自主完成部分教学任务，不是要削弱教师的主导作用，恰恰相反，微信平台辅助武术教学中，对教学的设计，微信平台的建设与监督，教学内容的选择，教学资料与视频的筛选、编辑和上传等都需要武术教师去完成额定工作，这离不开武术教师的主导作用。学生尽管是学习和发展的主体，但由于他们各方面还在生长发育，尚未成熟，需要教师不断地指导其成长。因此，微信平台辅助武术教学中学生主体性的充分发挥，关键还有赖于武术教师的主导作用，主体与主导相互依存，充分发挥主体和主导的积极性，有利于获得最佳的教学效果。

第二节　虚拟现实技术在高校体育教学中的创新实践

随着我国信息科学技术的快速发展，虚拟现实技术的发展愈加迅猛，几乎已经蔓延到了社会上的各个行业、各个领域。将虚拟现实技术成功地应用于高校体育教学中，将会给高校的教学课堂带来巨大的变化。

计算机虚拟现实技术主要是通过计算机应用技术对现实环境进行模拟，最终生成仿现实环境的一种技术。计算机虚拟现实技术充分利用传感器，以此来实现体验者与模拟环境的交互传感。这种技术几乎可以广泛地应用到各个领域，如建筑、娱乐等，每一个领域都可以进行模拟体感互动，以此将现实世界与虚拟世界融合到一起，对教学方面具有深刻的影响。但是从目前的情况来看，我国高校在体育教学中还未引用虚拟现实技术，将虚拟现实技术应用到高校体育教学中，将会使高校的体育教学表现得淋漓尽致，为学生营造一个具有趣味性的学习环境，不仅能提高学生的学习效率，而且还能激发学生的学习兴趣，提高学校的教学质量。

一、虚拟现实技术与虚拟教学

1. 虚拟现实技术

计算机虚拟现实技术将计算机图形图像处理、传感认知识别、互联网以及智能语音等这些计算机技术融合到一起，最终形成了虚拟现实技术。传统的仿真技术无法对人们的感官进行模拟，但是计算机虚拟现实技术的主要目的就是为人们营造出接近于感官所感觉到的一种虚拟现实环境，这种技术打破了传统仿真技术存在的缺陷，真正实现了计算机设备与人体感官之间的相互交流。

计算机虚拟现实技术之所以有这么大的功效，主要是因为它由传感器、3D 建模、检测、控制以及反馈这五大模块构成。通过检测模块和反馈模块来检测体验者内心的指令信息进行构建，随后再通过控制模块以及传感器模块将指令进行控制和传递，最后将虚拟世界与现实世界联系到一起，通过这些步骤使 3D 建模模块有效地生成并应用。

交互性、感知共享性以及沉浸性这三个特征是计算机虚拟现实技术最明显的特征。因为计算机虚拟现实技术通过对人体感知的特征进行分析，将虚拟世界与现实世界建成 1∶1 的具有空间感的 3D 模块，几乎可以达到现实世界中的触觉、视觉以及听觉等这样的体感，让每一位体验者有一种身临其境的感觉，而且还突破了传统意义上运用计算机进行控制的行为。计算机虚拟现实技术利用传感器进行虚实之间的交互，与传统的仿真技术相比，不仅操作起来更加方便快捷，而且还能将体验者的想象空间进行无限的拓展，无限地满足体验者想要达到的效果。

2. 虚拟教学

虚拟教学，是一种沉浸式、体验式的感官交互刺激的教学模式。虚拟教学包括虚拟教师、虚拟教室和虚拟实验室，从而构建出虚拟的学习环境。逼真的模拟环境可以最大限度地激发感官的感受，从而激发学生学习的热情和兴趣，开发新思维、想象力和创新力。

二、虚拟现实技术在高校体育教学中应用的重要性

1. 激发学生学习积极性

计算机虚拟现实技术，其实就是对人工智能技术的一个更深层次的虚化。高校体育教学过程中应用计算机虚拟现实技术，是传统高校体育教学中一种全新的教学模式。通过计算机虚拟现实技术，改变传统体育教学中面对面教授的教学方式，激发学生学习的自主性。通过运用计算机虚拟现实技术，将学生带到一种全新的、不同体感的学习环境中，激发学生学习的兴趣，提高高校的教学质量。将计算机虚拟现实技术运用到高校体育教学过程中，不仅大大缩短了学生训练的时间，激发学生自主学习，而且还能达到高校开设体育课程的真实效果，进而促进高校体育教学的顺利开展。

除此之外，将计算机虚拟现实技术运用到高校体育教学过程中，与传统的教学模式相比，还大大减少了一些教学设备的投入，降低了学校开展体育课程的教学成本。

2. 保障学生安全

在高校的体育教学课程中，一般情况下，对抗竞技项目比较多，学生为了拿到更高的名次往往全力以赴，特别容易由于操作不当而引发安全事故，安全事故发生频率较高的竞技项目，学校一般都会从体育教学项目中剔除。但是将计算机虚拟现实技术融入高校体育教学中，则可以防止出现实际操作过程中因操作不当出现的安全问题，让学生在一个安全的环境下开展体育训练。有些高校对体育教学的要求比较高，如教学场地、教学设备等，计算机虚拟现实技术同样可以对其进行很好的模拟，不仅降低了这些高校开展体育教学的成本，而且还改善和提高了高校的教学环境。

3. 激发学生创新能力

计算机虚拟现实技术在高校体育教学中的应用，不仅能打破空间以及现实时间的界

限，而且还能改善学校的教学环境。计算机虚拟现实世界的应用使高校的体育教学发生了重大的改变，由传统的学生被迫学习转变为学生自主学习，将高科技的教学理念逐步深入高校的体育教学课堂中，满足学生的内在需求，激发学生的大胆创新能力。

除此之外，计算机虚拟现实技术的应用还可以使高校应用到一些无法进入高校体育课堂的场地和高端设备，让学生真正地体会到学习的乐趣，熟练掌握所学的知识，提高学习效率，最终达到学校的教学效果，实现现代化高校体育教学的目标。

三、虚拟现实技术应用于高校体育教学的要求

要想使计算机虚拟现实技术有效地应用在高校体育教学中，计算机虚拟现实技术的设计方向主要考虑以下四个方面。

第一，实际体育教学环境模拟，需要将现实体育教学所需要的相关设施等的数据真实地输入，相关设施将会真实地展现在模拟环境中，大大减少高校在教学方面的支出。

第二，体育教学课堂的模拟，是对体育教学课堂空间以及教学时间的拓展，为学生建立一个比较真实的虚拟培训环境，再结合交互式的教学方法，轻松地实现高校体育教学目标。

第三，高校校园环境模拟，主要是通过运用数码照相机对校园里的环境进行拍照，尽量使所拍的照片真实地反映出校园环境，或者为学生呈现出一种立体的效果，进而让学生从内心产生一种强烈的现实感。

第四，体育教学课件交互的模拟，主要是实现课堂的交互性，利用一些相关的技术进行描述，以此来实现教学资源的共享，提高高校的教学效率。

四、虚拟现实技术在高校体育舞蹈教学中的应用

体育舞蹈不仅给人优美的感官体验，还是民族文化的真实反映。舞蹈学习并非一蹴而就的，需要长时间练习才能掌握舞蹈的基本功，这也使舞蹈的实践性非常强。但日常教学的时间是有限的，教师教学水平的差异会在很大程度上影响教学的质量。无法提供标准的舞蹈动作示范，无疑会影响到学生的舞蹈表现能力。对此，虚拟现实技术的优势就展现出来，因其特有的动态化视觉感知方面更为突出，因此，比以往的人工教学与视频教学更为直观，体验感更为真实，能为体育舞蹈教学提供更好的借鉴模式。

（一）虚拟现实技术在体育舞蹈教学中的应用现状

虚拟现实技术在发达国家教学中的应用较早，最早被应用在体育动作训练领域，如美国开发的一款虚拟现实系统能在程序中融入动作捕捉技术，这使训练员在进行人机交互过

程中更加便捷，动作训练也取得了较为理想的成效。

而在我国，虚拟现实技术在舞蹈教学中的应用还处于初级阶段。现有的研发方向是围绕将虚拟现实技术应用到舞蹈制作与编排等方面。有相关专家通过分析舞蹈动作，利用计算机获取相关的二维数据，再通过编辑软件对这些舞蹈动作进行编辑，从而构建出三维虚拟人体模型，并建立相应的动作库，从而研发出了虚拟舞蹈模拟可视系统。该系统具备可视化、舞蹈制作及动作编排等功能，能实现系统化的辅助教学。

（二）虚拟现实技术在体育舞蹈教学中应用的优势

第一，增进师生之间的互动。例如在以肢体练习为主的课程中，虚拟现实技术能在用户视觉界面中反映练习者的实时动态，并且可以根据标准动作予以纠正，实现学生、教师、系统之间的互动。

第二，虚拟现实技术能模拟真实的场地环境，从场地、光、音效、现场观众等方面实现沉浸式交互体验，为激发学生的创造欲望提供条件，同时在很大程度上节约了人力、物力、财力，丰富了学生的成长体验。

第三，虚拟现实技术还有一个突出优势，即不受天气状况影响。室内场馆需要大量的资金投入，且维护成本高。虚拟现实技术则可以在一间经过简单改造过的教室中，进行与室外无差别的课程，从而解决了天气对教学的影响的问题。

第四，在优化教学方面，虚拟现实技术也能在很大程度上提升教学效率。通过虚拟现实技术结合网络通信技术能填补传统体育舞蹈教学中无法实现的多模块教学的空白，同时可以模拟与特定角色之间的互助学习，建立多元化的教学模式。

（三）虚拟现实技术中关于高校体育舞蹈教学的交互策略

1. 虚拟现实技术中关于高校体育舞蹈教学的交互原则

在高校体育课教学中，包括专业舞蹈课与选修舞蹈课，专业舞蹈课对应有一定舞蹈基础的学生，而选修课则对应没有舞蹈基础的学生。对有基础的学生，需要在教学中保持较高的学习自主性，教师在进行舞蹈动作演练时，其表情与动作的细微变化对学生有很大影响。而虚拟现实技术能使学生不受外界影响进行舞蹈训练，也有助于学生提高训练时的注意力，并快速掌握动作要领。对选修课学生来说，最重要的是激发学生的兴趣，使学生热爱舞蹈。因此，虚拟现实技术要为学生提供快速掌握诀窍的要领，使学生在交互体验中激发对舞蹈的兴趣，并促进学生反复练习。不论是专业课学生还是选修课学生，利用虚拟现实技术将自己的舞蹈动作信息反馈给系统，由系统对舞蹈动作加以纠正，找出存在的问题，使学生能根据标准的舞蹈动作进行调整，将会在很大程度上提升教学效率。而要虚拟现实技术实现交互要求，就必须具备实时人机交互功能，同时也要具备数据信息处理能力，才能避免因延迟导致的课程体验效果不佳的问题出现。

2. 虚拟现实技术中关于高校体育舞蹈教学设计

以体育舞蹈教学中的伦巴舞教学作为研究对象，在教学过程中应用到虚拟现实技术手段，旨在提高学生对学习内容的理解能力，提高教学效率。因此，设计方面主要需要攻克的地方在于教学目标，重难点教学，教学方法。

（1）明确教学目标。对学生现有的体育舞蹈技术水平、学习能力、学习伦巴的经历、比赛经历等情况进行了解，从而根据学生整体学习水平，有针对性地设计教学内容，利用虚拟现实技术逐步带领学生攻克伦巴舞学习的重点和难点技术动作，旨在提高学生伦巴舞技术水平、自主探究能力、增强学习知识的消化能力等。

（2）明确教学重难点。重点教学内容为基本步练习、重心移动、脚法、基本站姿、膝盖伸直；教学难点为完成度、胯位转动、方向。

（3）明确教学方法。结合传统教学模式和虚拟现实技术应用教学，可以丰富教学方式，并巧用教学课件视频，以强化动作技术的分解示范和完整的练习效果。教师还可以增加案例教学法、多媒体教学法、自我和小组合作探究教学法等来提高学生学习的主动性和积极性，养成良好的学习习惯，显著提升学习质量和效果。虚拟现实技术不能完全取代传统多样化的教学模式，而只能作为教学的一种锦上添花的辅助手段，因此，只在课前预习和课后复习中使用，教师还要普及 VR 眼镜的用法，在课堂上要讲解 VR 技术的应用方向，从而提高虚拟现实技术的应用效率。

（四）虚拟现实技术在高校体育舞蹈教学中的应用前景

如今，虚拟现实技术已经在教育领域中得到广泛的应用，这也是未来教育的一大发展方向。体育舞蹈教学作为实现素质化教育的重要组成部分，运用虚拟现实技术进行教学已成为必然。对比以往的舞蹈教学，仅仅依靠教师会耗费大量精力，教学效果也难以得到保证。而通过视频教学则缺乏沉浸性和交互性体验，学生难以把握动作要领。因此，需要通过虚拟现实技术将现代化信息技术与传统舞蹈教学进行结合，从而形成优势互补，既能满足舞蹈教学的实践性要求，又能保障舞蹈教学质量，在沉浸式和交互性教学的促进下也突破了教学空间和时间的局限性，进而极大地提高效率。在可预见的未来，虚拟现实技术必将具备极为广阔的发展前景，发挥无可比拟的优势。

通过对虚拟现实技术的不断研发与应用，增强了高校体育舞蹈教学场景感知和交互性，充实了学生的舞蹈学习体验，在可预见的未来，虚拟现实技术必将具备极为广阔的发展前景，发挥无可比拟的优势。

综上所述，各个高校的体育教学在当下的环境中都面临改革这一大问题，要求每一位学生都能达到综合的运动技能，能熟练地掌握每一运动技术，但是在实际的教学过程中，学生即使通过不断的训练也难以达到最理想的效果。所以，将计算机虚拟现实技术成功地运用于高校的体育教学中，是对高校体育教学的一大创新。应通过利用计算机虚拟现实技术，有效地利用高校的体育教学时间和空间，激发学生的学习兴趣，增强学生的自主学习能力，进而实现高校的教学目标。从目前的发展状况来看，计算机虚拟现实技术虽然还处于初级发展阶段，由于一些比较客观的因素，尚未广泛地向社会各界推广，但是我们从长远的发展来看，将计算机虚拟现实技术成功地应用于高校的体育教学中将会是高校体育教学中不可忽略的一部分，不仅能提高高校体育教学的效率以及质量，而且还能促进我国高校未来现代化体育教学的长远发展。

第三节　智能手机应用于高校体育教学的创新实践

一、智能手机应用于高校体育教学的背景

近年来，中国的移动通信技术在不断地发展，目前在移动通信技术方面是处于世界领先地位的。现在我国的大多数地区都已经可以使用 4G 网络了，并且 5G 网络技术也已经面世，目前也正处于积极推广的过程中。4G 网络的信息承载速度在日常的信息化使用中已经基本满足大家的需求。4G 网络的使用让网络卡顿、延迟等现象有了极大的好转，人们在享受高速网络的同时，我国的移动网络事业发展也在大步前进中。我国互联网正在以爆发式的速度大力发展，每时每刻都不断有大量新网络用户进入互联网，互联网给大家的生活带来了各种便利服务。同时，这是一个知识呈现爆炸式增长的互联网时代，互联网已经与人们的学习密不可分，网络能力将成为未来人们的基本能力，这种能力的培养在对未来人才培养过程中是不可或缺的。

互联网技术不仅改变了我们的日常生活，也将改变高校的教育模式，目前高校体育专业的师生都在感受着网络技术带来的教学模式的变化。与此同时，移动智能设备也在飞速发展。人们使用手机上网的一个很重要的原因就是智能手机的性能在不断增强，这些都为高校体育教学提供了重要的基础硬件支持。

在网络传输和智能手机强大的硬件支持下，我们可以下载并使用很多 App，传输和保

存大量学习资料，其中教学用的 App 就是我们要说的重点。

随着中国互联网技术的快速发展，中国的许多传统行业都开始向互联网靠拢，"互联网+教育"推动了移动学习事业的大力发展，也为高校不同学科的教学模式的改进、提高教学质量和效率提供了极大的帮助。

在传统的体育专业的教学过程中，很多体育项目的教学场地和器材是有限的，有许多精彩的教学内容很难在课堂教学中进行完美的展示。但借助手机 App 等移动智能学习终端的帮助，教学就可以正常继续下去。例如，教师为学生讲解跨栏的动作时，由于身边没有栏架或者可以充当栏架的障碍物，单纯的动作演示教学效果就会受到限制，但学生可以通过手机 App 来观看专业跨栏视频学习并领悟跨栏动作要领。

对一些技术难度较大的动作技能，如投掷标枪的连续动作，学生有时候会对教师的动作是否标准存在质疑，这个时候就可以通过手机 App 搜索标枪的相关动作技术，查看它的图片、视频等对照教师的动作进行学习，最后掌握整套技术动作要领。

有时候即便教师通过面对面的示范，有些动作的学习难度依然很大，学生非常愿意通过观看视频来学习分解技术动作，再进行连续的练习，提高学习效率，从而掌握这些难度较大的动作技能。另外，在教学中有的动作具有很强的连贯性，即使教师多次进行演示，依然存在有学生对部分动作掌握不到位的情况，这样就有必要借助视频文件的重播功能，在教师的指导下了解动作技术的重点和要点。

同样，学生可以使用手机相机的记录功能去记录自己的技术动作，并从旁观者的角度观察自己，这样学生更容易找出技术动作中的缺点并加以改正。

简而言之，高校教师在教学过程中难免会遇见各种问题，这时，我们如果使用智能手机 App 来辅助教学，利用图片、视频等数字化教学课件去引导学生学习，教学工作就会得到极大的便利，同时也不会受到时间和地点的限制，提高了教学的质量和效率。

田径作为一门实践性非常强的体育课程，传统的教学模式目前已经不能完全适用于教学之中，所以高校体育专业应该引入手机 App 辅助田径教学，以满足田径教学的需求。

借助手机 App 辅助田径教学，这对激发高校体育专业的学生学习田径运动具有重要作用，手机 App 辅助田径教学使田径学习不再局限于操场和课堂内，学生在向教师提问的同时，也不局限于只向教师寻求帮助，通过手机 App 可以从多种渠道获取学习资料以解答疑问，满足了学生自主学习的需求，提高了学生的学习兴趣，最终使手机 App 辅助田径教学在高校体育专业的教学中得到推广，手机 App 辅助田径教学也将成为高校体育专业学习田径运动的最好方法之一。

二、智能手机辅助田径教学的功能

在高校体育专业的教学中，使用智能手机 App 辅助教学是通过手机 App 的不同功能来实现的。合理使用手机 App 的这些功能有利于体育教学的开展。学生在使用手机 App 辅助教学的过程中能获取到更多的知识，也能根据这些功能对自身的学习情况做出评价，进而在体育学习中更加得心应手。目前高校体育专业教学中使用手机 App 的常用辅助教学功能一般有以下五种。

1. 考勤功能

教师在平时的教学过程中一般都会根据学生的出勤率等指标最终判定学生的平时成绩。在教学过程中，教师可以在上课或者下课前开启考勤功能，学生可以通过手机 App 顺利完成签到，简单快速的考勤提高了教学效率。学期结束时，手机 App 可以根据教师预设的标准，统计出勤率，可以为教师最终评定学生成绩提供判断依据。

2. 教学信息推送与学习资料传输功能

体育教师在课前或者课后可以通过手机 App 对学生进行教学方面的信息推送。通过手机 App，教师还能将提前准备好的学习资料传输给学生，让学生能在第一时间获取最有用的学习资料，节省了查找资料筛选资料所花费的时间，同时相比实体的书籍，用手机 App 查阅资料也更加方便快捷。

3. 视频、音频等媒介辅助教学功能

通过在高校体育教学中使用智能手机 App 软件，能协助学生进行合理的体育锻炼，视频、音频等媒介的辅助教学功能在手机 App 辅助高校体育教学中是一项十分重要的功能。手机 App 中包含了大量音频、视频等教学资料，这些音频、视频教学资料都对应着各种项目的体育教学，这样的教学方式主要是依靠图片和声音对学生进行体育项目的教学指导，学生可以根据自己正在练习的田径项目播放相应的视频和音频资料，学生一方面可以对照视频动作进行模拟学习，另一方面可以通过音频的指导来调整自己的技术动作，因为这些视频、音频的录制都来源于专业的体育教师，所以在这样的视频和音频的指导下学生对技能的学习和掌握还是有一定保障的，最终将在体育教师的帮助下熟练地掌握技能。

4. 练习数据记录功能

在以往的体育教学中，检验运动负荷只能通过运动时间和心率来了解，这使得教师和学生在教学中很难准确地掌握运动量。因为活动量巨大，有些学生在体育教学中会感到十分吃力，因此对体育方面的学习失去兴趣。但是如果在教学过程中通过手机 App 适配一些智能穿戴设备，如小米手环等，它具有运动数据记录功能，可以对学生的运动情况进行实时记录，使学生可以随时查询自己的运动情况，如跑步距离、配速、心率等，帮助学生掌握自己的运动量。同时，学生能更清楚地了解自己目前的身体状况，并根据实际情况对体育教学运动计划、强度和时间做出相应的调整。

5. 师生沟通功能

通过手机 App 的在线实时联系功能，学生可以加强与教师的沟通交流。在课外时间，如果学生有问题需要向教师求解，手机 App 就可以成为极好的沟通工具，不限时间与地点，还可以进行图片、文字、视频、音频的传输。不仅是师生之间，与同学之间也能分享彼此的经验和体会，在锻炼身体、掌握体育技能、丰富体育知识的同时，也能结识许多热爱体育运动的朋友，从而提高学生对体育项目学习的兴趣。

在体育教学过程中主要就是使用手机 App 功能，但并不局限于此功能。而我们现在不仅要学会使用此功能，更要将此功能的使用落实到田径教学中。

三、智能手机辅助田径教学的优势

1. 教学信息、教学资料及时获取

教师可以在课前根据下节课的需求通过手机 App 传达详细的教学信息，如田径课时的安排、田径课前需要做的准备、田径项目考试日期安排等。

通过手机 App 链接网络，可以查询到各种关于田径教学方面的资料，并不局限于文字资料，视频资料、音频资料、图片资料等都可以给田径教学带来帮助。以前在田径教材中获取的资料都是有限的，而且往往比较陈旧，但各种数据库里的各种学习资料十分广泛，涉及田径教学里跑、跳、投、竞走、全能运动的全部项目。网络数据库里的资料一直都在实时更新，大部分是最时新的资料，这与教学中要保持与时俱进的观念也是不谋而合的。

2. 教学过程更加生动，便于学生理解

与传统的田径课堂教学模式相比，手机 App 辅助田径教学更加生动直观，便于学生在实践课上掌握新技能，在理论课上理解新知识。手机 App 中可视化的田径教学视频、详细的教学图片、多种不同媒介教材的展示可以使原本难以学习的田径技术动作简单化，也能加快学生理解深奥的田径理论知识。使用手机 App 辅助田径教学可以使教学更加生动，减少教学难度，加快学生对田径知识和技能的理解和掌握，提高学生的学习兴趣。

3. 学习不受时间和地点的限制

在田径教学过程中，使用手机 App 能突破田径课有限教学时间的束缚。众所周知，田径教学中无论是实践课的练习时间还是理论课的学习时间都是十分有限的，这使得学生只能在课堂上进行有限的学习。但通过手机 App 辅助教学，学生可以随时随地打开手机 App，并在手机 App 的指导下进行技能或者理论知识的学习，毫无疑问，这在很大程度上提高了田径教学的灵活性，使学生可以在课后随时根据自己的意愿进行田径技能的练习和理论知识的学习。因此，使用手机 App 辅助田径教学具有自由方便的优点。

使用手机 App 辅助田径教学,打破了传统田径教学中时间和场地的约束性,并允许学生自由地选择学习时间和地点根据自己的需求进行学习,而不是局限于教室和某个具体时间段。学生可以通过移动互联网下载手机 App 辅助教学软件,在任何他们想要学习的地方学习,比如在宿舍、火车上、商场里等。课余时间将被充分利用。在手机 App 的辅助教学下,田径学习不再受客观因素的限制,从而能提高学生田径学习的质量和效率。

4. 拓宽视野,提高学生自主学习能力

手机 App 在田径教学中的辅助应用,不仅可以帮助学生学习田径项目的技术动作,还可以通过视频、音频、图片、文字资料和其他媒体帮助他们了解田径的各种知识,拓宽学生的视野,丰富学生所学的知识,提高学生对田径项目学习的兴趣。

高校田径教学中理论课的原始教材中的知识有限,学生通过这些教材的学习所掌握的知识和技能也十分有限。通过手机 App 的辅助教学功能可以方便学生在学习过程中传递接受新的知识从而拓宽视野,同时每个人对知识的接受能力不同,学生可以根据自己的需求反复观看所学田径项目的资料。

使用手机 App 辅助田径教学也有利于提高学生的自主学习能力,新时代下的高校田径教学,学生自主学习已经成为一种更加合适的学习方法。

以手机 App"学习通"为平台,在田径教学过程中,教师可以将学生按照当前的技术水平等进行分类,安排不同层次的学生在教学过程中完成不同难度的技术动作和技术等级。在田径理论知识方面,不同于室外教学授课,如跨栏教学中的竞赛规程学习等,体育教师将学习内容通过 PPT 课件、教案、录像视频等形式上传到"学习通"App,便于学生随时随地观看学习、掌握相关田径项目的知识,并根据自身实际情况,有针对性地在课外自主地锻炼技能及学习理论知识。

因此,通过手机 App 辅助田径教学,一方面可以提高学生的田径技术动作,另一方面还可以强化学生的自主学习能力①,可以说是让学生受益终身,不论是在学校的学习中还是在以后步入社会的日常工作中,都将是自身能力的一种重要体现。

5. 促进师生便利快捷的沟通

在目前高校田径教学中,由于学生数量增多,教师很难把面对面沟通、交流、纠正动作的时间平均分配到每一个学生身上,一些较难的技术动作的学习,需要学生课后不断练习以及在群聊手机 App 中寻找帮手进行指导教学练习等。例如,手机 App"易班"的体育专区,同样还有技术讨论区,可以支持课外田径教学中师生的互动联系。在互联网时代,

---

① 姜文晋、唐晶、李秀奇.创新教育背景下高校公共体育创新路径和科学管理研究 [M].徐州:中国矿业大学出版社,2018:1.

高校学生接受新知识、学习新技能并进行创新的能力是极强的，在"易班"App体育专区，体育项目教学资料也可以由学生上传，不会限制于体育教师单方面提供学习资料，这可以使学生参与到田径教学新模式的建设中，而田径教师也能更加了解学生的学习情况。虽然许多学习类手机App都有在线交流的功能，但就目前来看，主要还是以手机微信、QQ群作为师生之间交流的主要工具。

四、智能手机辅助田径教学的应用建议与前景

1. 智能手机辅助田径教学的应用建议

第一，虽然目前在高校体育专业田径教学中使用手机App辅助教学的项目还很少，但使用手机App辅助高校体育专业田径教学存在许多的优势，我们可以在田径教学中推广使用手机App来辅助教学，提高田径教学质量。同时，如果在田径教学中的应用取得较大成果，还可以将手机App辅助教学的经验进行推广，在其他体育项目中使用。

第二，教师在田径教学中应该合理使用手机App辅助教学，弥补传统田径教学模式的不足。在田径教学过程中，合理地安排各个教学环节中使用手机App，做好课前安排，预习教材，课中记录学生练习情况，课后积极为学生解答，排忧解难，考前帮助学生做好充分的准备，但是绝对不能依赖和滥用手机App，防止影响正常的传统教学。

第三，学生在学习过程中使用手机App时，一定要高效、自觉、认真。在课前做好预习，在课中不应该使用手机占用练习时间，在课后通过交流群积极讨论动作技能和理论知识，并在教师的指导下做好复习，在考前也要积极准备。这一点需要教师在教学过程中进行严格的管理。

第四，教师应该通过使用手机App在课堂外与学生进行交流互动，努力了解班上每个学生在田径教学中的学习情况，并尽可能对每个学生的教学计划进行适当的调整，以符合学生的个人能力。同时为了更好地完成田径教学任务，教师应该调动学生学习的积极性和自主性，让学生在课堂中有参与感，引导学生学会分析思考问题、解决问题，为学生营造良好的教学环境。

第五，加强教师对手机App的学习与使用，并在教学中指导学生使用手机App辅助教学，充分发挥教师的教学主导作用。

2. 智能手机辅助田径教学的应用前景

针对目前高校体育专业田径教学中存在的诸多问题，可设计一款实用的体育类手机App应用在田径教学中，该手机App要集成一些实用功能，如教学信息查询、田径教学学习资料库、体育新闻推送、体育社区交流、运动数据记录等功能，从而实现一体化的高校

体育专业田径教学资源整合，提高教学质量和效率。

第一，个人信息查询。在个人用户设置上，手机 App 应用程序连接到学校的教务管理系统，直接获得学生的教育管理信息，并在手机 App 里和每一个学生的真实数据进行匹配，登录手机 App 后系统界面会详细地显示学生的基本信息，包括姓名、学号等。同时手机 App 界面上也会显示是由哪位体育教师负责该同学的教学，教师的基本信息也会呈现出来，这样有利于田径教师与学生之间的沟通与交流。

第二，体育教学信息查询。作为一个辅助高校田径教学用的手机 App，为学生推送信息是其最基本的功能。推送的信息不局限于田径方面，同时需要对所有校内的体育信息进行整合、筛选、编辑和发布，使学生可以通过手机 App 了解到自己所需要的信息，包括最近校内的各种体育比赛、校内各种体育场馆的使用情况等。

第三，运动数据记录功能。通过使用手机 App 配对智能穿戴设备，对学生的日常运动情况进行记录，方便学生随时查看自己的运动量，如跑步时间、距离等，帮助学生在课堂教学中达到相应的运动量，辅助学生完成田径教学任务，同时对自己的身体情况有具体的了解，也可以根据自己的实际运动情况对田径项目的练习做出相应的调整。

第四，田径教学学习资料库。在辅助田径教学中一个重要的功能就是建立包括视频、音频、图像、文字在内的综合多媒体的教学学习资料库，资料库里面应该包括跑、跳、投、竞走、全能项目等超过多项田径运动项目的详细资料。在日常的教学过程中，教师和学生只要打开手机 App 就可以轻易调出这些资料用于日常的教学和学习。

第五，体育新闻的推送。除了每天的校园体育信息外，App 每天更新最新的与体育有关的新闻消息，尤其是田径方面的，使学生用户能及时了解到更多、更全、更专业的体育新闻消息，并能提高学生对田径比赛的关注度，增强学生学习田径项目的兴趣和积极性，推动田径教学的良性发展。

第六，体育社区交流。以 App 建立社区交流的平台，学生用户可以在 App 上发布自己在田径项目技术上的心得体会，讨论田径比赛，还可以对学校田径教学方面提出意见和建议，只要有利于田径教学的，一般学校都会积极听取。

参考文献

[1] 曹小芬，曹庆荣．普通高校公共体育课程教学评价的影响因素分析 [J]．赤峰学院学
报（自然科学版），2016，32（22）：102．

[2] 阿依努尔·阿不力米提．浅谈运动人体科学在职业院校体育实践中的作用 [J]．教育
现代化，2017，4（17）：227~228．

[3] 包长春，冯耀云，晋腾．人的全面发展与新时代高校体育教育目标的定位 [J]．东北
师大学报（哲学社会科学版），2022（4）：157~164．

[4] 蔡建光，徐佳．运动人体科学在高校体育素质能力培养中的作用分析 [J]．体育科技
文献通报，2021，29（10）：158~159+168．

[5] 陈雁秋．探析如何利用新媒体对高校体育训练模式进行创新 [J]．文体用品与科技，
2020（24）：56~57．

[6] 仇乃民，李少丹．走向大数据时代的运动训练科学研究 [J]．首都体育学院学报，
2015，27（6）：541~545．

[7] 樊璠．计算机"虚拟现实"技术在高校体育训练中的应用 [J]．电子世界，2020
（2）：175~176．

[8] 郭道全，魏富民，肖勤．现代高校体育教学概论 [M]．北京：中国商务出版
社，2015．

[9] 胡悦，侯会生．基于翻转课堂的大学体育教学改革研究 [J]．体育文化导刊，2019
（7）：76~80．

[10] 霍军．体育教学方法实施及创新研究 [J]．北京体育大学学报，2013，36（1）：
84~90．

[11] 姜文晋，唐晶，李秀奇．创新教育背景下高校公共体育创新路径和科学管理研究
[M]．徐州：中国矿业大学出版社，2018．

[12] 李平平，王雷．机遇与挑战——翻转课堂对我国高校体育教学的启示 [J]．南京体
育学院学报（自然科学版），2015，14（4）：122~128．

[13] 李启迪，邵伟德．论体育教学的有效性与正当性 [J]．北京体育大学学报，2011，

34 (3)：93.

[14] 李献军 . 高校体育教学和运动训练的协调发展 [J]. 商丘职业技术学院学报，2017，16 (4)：106~108.

[15] 李耀宗 . 创新教育理念下的高校体育教学改革探索 [J]. 冰雪体育创新研究，2022 (11)：103~105.

[16] 梁红霞，王哲 . 新时代高校体育教学内容体系建设的价值取向及实现路径 [J]. 当代体育科技，2022，12 (13)：13~17.

[17] 刘海军 . 高校体育教学"翻转课堂"模式构建研究 [J]. 吉林体育学院学报，2015，31 (3)：72.

[18] 陆孟飞 . 高校公共体育"线上+线下"混合式教学模式研究 [J]. 淮北职业技术学院学报，2020，19 (6)：48~50.

[19] 麻晓鸽 . 运动人体科学在高校体育实践中的应用作用研究 [J]. 当代体育科技，2022，12 (7)：86~88.

[20] 毛雷，庄亨礼，陆毅 . 教学辅助软件在"个性化"体育教学中的应用探讨 [J]. 当代体育科技，2022，12 (3)：52~56.

[21] 牛继超 . 跆拳道教学与研究 [J]. 北京：航空工业出版社，2019.

[22] 潘佳，丁鼎 . 创新教育理念背景下的高校体育教学改革研究 [J]. 当代体育科技，2022，12 (17)：49~52.

[23] 齐骄阳 . 论高校体育教育与人文教育的融合 [J]. 当代体育科技，2015，5 (5)：146+148.

[24] 邱伯聪 . 体育微课的质性、制作与建议 [J]. 教学与管理，2015 (34)：57~59.

[25] 任俭，王植镯，肖鹤 . 体育教学原理及体育学法的创新研究 [M]. 北京：中国纺织出版社，2019.

[26] 山美娟 . 基于微课的高校体育线上线下混合式教学体系构建 [J]. 办公自动化，2021，26 (24)：38~40.

[27] 首洁 . 以学生参与为中心的体育课程教学设计 [J]. 运动精品，2019，38 (10)：40.

[28] 苏庆永，张波 . 创新教育理念下的高校体育教学改革 [J]. 中国冶金教育，2017 (5)：75~77.

[29] 苏仪宣 . 高校体育教学方法创新路径研究 [J]. 内蒙古财经大学学报，2021，19 (4)：61~63.

[30] 孙士利 . 运动人体科学在高校体育实践中的作用 [J]. 农村科学实验，2017

（9）：105.

[31] 王国亮．翻转课堂引入高校公共体育教学的实证研究［J］．西安体育学院学报，2019，36（1）：110~116.

[32] 王海燕．现代体育教学功能实现与创新应用［M］．北京：中国书籍出版社，2021.

[33] 王利．浅析高校体育教育与人文教育的融合［J］．白城师范学院学报，2013，27（3）：75~77.

[34] 王培善．攀岩运动教程［M］．上海：同济大学出版社，2019.

[35] 王寅昊．慕课在高校体育教学中的应用研究［J］．教育教学论坛，2020（6）：256~257.

[36] 王宇航．体育教学对学生人格发展的影响［J］．运动，2015（23）：87~88.

[37] 魏伟．生本理念下高校网球个性化教学实践策略［J］．冰雪体育创新研究，2022（7）：115~117.

[38] 吴明放．终身体育理念下高校体育教育改革创新探究［J］．湖北开放职业学院学报，2022，35（12）：16~17.

[39] 伍天慧，谭兆风．体育教学设计与实践的系统观［J］．体育与科学，2005（2）：78.

[40] 肖威，肖博文．体育类微课设计流程与制作方法［J］．体育学刊，2017，24（2）：102~108.

[41] 辛夷．体育教学促进学生人格健康发展的探索实践［J］．当代体育科技，2012，2（21）：83~84.

[42] 邢欣，王彤．"混合式教学"模式下的体育课程设计与实践［J］．辽宁体育科技，2020，42（2）：120~125.

[43] 许辉．基于分层教学法的高中体育课堂教学探究［J］．新课程，2022（16）：156~157.

[44] 杨军．基于现代信息技术的体育训练与教学研究［J］．当代体育科技，2018，8（28）：52+54.

[45] 杨艳生．体育教学改革与创新实践研究［M］．长春：吉林人民出版社，2021.

[46] 杨乙元．发挥微课教学优势增强体育教学效果［J］．中国教育学刊，2018（12）：102.

[47] 阴甜甜．基于微课的线上教学模式在高校体育教学中的构建［J］．中国多媒体与网络教学学报（上旬刊），2020（10）：37~39+88.

[48] 殷和江．高校体育教学方法创新策略研究——基于体育课程改革背景下［J］．黑龙江科学，2020，11（7）：108~109.

［49］于俊振．探究高校体育教学和运动训练的协调发展［J］．陕西教育（高教），2019（2）：23.

［50］张冰．基于虚拟现实技术的运动训练仿真模拟系统［J］．电子设计工程，2021，29（10）：163.

［51］张玉炼．终身教育理念下高校体育教育专业教学质量保障理念探析［J］．继续教育研究，2021（4）：44～46.